기린의 목에서 곰의 겨울잠까지 숨은 비밀 찾기

세상에서 젤 유쾌발랄한
동물책

기린의 목에서 곰의 겨울잠까지 숨은 비밀 찾기

세상에서 젤 유쾌발랄한 동물책

초판 1쇄 발행 2008년 8월 27일
초판 4쇄 발행 2017년 1월 13일

지은이 한대규 **그린이** 장정오
펴낸이 윤새봄 **연구개발실장** 장윤선
편집인 이화정 **책임편집** 손자영
디자인 김진디자인 **교정** 이혜승
마케팅 신동익, 문혜원 **제작** 신홍섭

펴낸곳 (주)웅진씽크빅
주소 경기도 파주시 회동길 20 (우)10881
주문전화 02-3670-1005, 1024 **팩스** 031-949-1014
문의전화 031-956-7326(편집) 02-3670-1005(영업)
홈페이지 www.wjjunior.com **블로그** wj_junior.blog.me
페이스북 www.facebook.com/wjbook **트위터** (@wjbooks)
출판신고 1980년 3월 29일 제406-2007-00046호

글 ⓒ 한대규
ISBN 978-89-01-08707-8 73490

웅진주니어는 (주)웅진씽크빅의 유아·아동·청소년 도서 브랜드입니다.
이 책은 저작권법에 따라 보호받는 저작물이므로 무단 전재와 무단 복제를 금지하며,
이 책 내용의 전부 또는 일부를 이용하려면 반드시 저작권자와 (주)웅진씽크빅의 서면 동의를 받아야 합니다.
잘못 만들어진 책은 바꾸어 드립니다.
※주의 1_책 모서리가 날카로워 다칠 수 있으니 사람을 향해 던지거나 떨어뜨리지 마십시오.
    2_보관 시 직사광선이나 습기 찬 곳은 피해 주십시오.
웅진주니어는 환경을 위해 콩기름 잉크를 사용합니다.

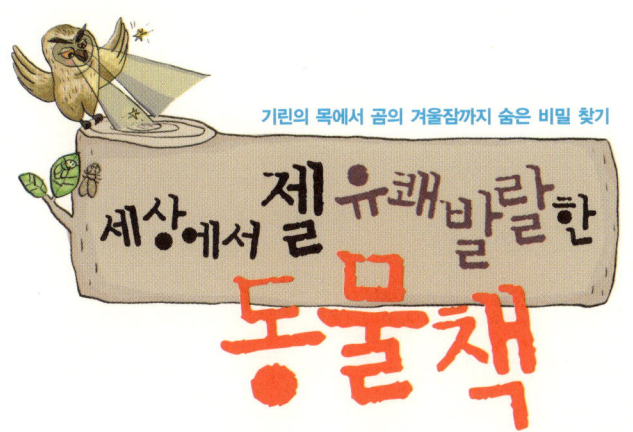

기린의 목에서 곰의 겨울잠까지 숨은 비밀 찾기

세상에서 젤 유쾌발랄한 동물책

한대규 글 | 장정오 그림

씽크하우스

 ■ 머리말

코끼리와 친구가 되는 꿈을 꾸어요

"오늘은 지렁이 관찰하는 날이죠?"

아침부터 우리 반 아이들이 반짝반짝 빛나는 눈빛으로 쳐다봅니다. 어제도 아이들 몇 명이 뜨거운 햇볕 아래 학교 화단에서 열심히 지렁이를 찾아봤지만 실패해서 오늘도 별 수 없겠다는 생각을 했지요.

"비가 와야지 지렁이가 땅 위로 올라올 텐데, 지금은 땅속에 꽁꽁 숨었을 거야. 다음에 비가 오면 그때 지렁이 관찰하는 시간을 갖자."

순간 아이들의 얼굴은 실망으로 어두워졌어요. 비 오는 날이면 많이 볼 수 있는 지렁이인데도 말이에요.

그런데 이게 웬일이에요. 1교시가 시작되었을 무렵 과학부 아이들이 한쪽 손에는 지렁이를 담은 그릇을, 한쪽 손에는 꽃삽을 들고 나타났어요. 환하게 웃음을 띤 채 말이에요. 잠시 화장실에 간 줄 알았더니 지렁이를 잡아 온 거였어요.

덕분에 한 시간 동안 지렁이를 돋보기와 현미경으로 자세히 관찰하면서 재미있게 공부했지요. 그것뿐인가요. 지렁이를 맨손으로 만져 보기도 했어요. 징그럽다고 소리를 지르는 친구도 있을 거라 생각했는데, 오히려 신기하다면서 조심스럽게 만졌지요. 책에서만 읽었던 지렁이의 털을 실제로 느껴 보기도 했지요. 지렁이의 몸이 마르면 안 된다고 다시 흙 속에 넣어 주는 아이도 있었지요.

　이렇듯 지렁이를 찾고, 관찰하고, 만지는 시간을 가지면서 아이들은 조금씩 자신의 호기심을 채워 가고 살아 있는 생물에 대한 사랑을 키워 갔어요. 그런 모습을 보면서 아이들 대부분이 우리 반 아이들처럼 생명에 대한 호기심과 애정을 가지고 있을 거란 생각을 했어요. 어른들이 생각하는 것보다 훨씬 많아요. 동시에 지금 당장 사자, 코끼리, 치타, 기린 등의 동물들을 데려와서 보여 줄 수 없다면 동물들이 살아가는 생생한 이야기를 해 주어야겠다는 결심을 하고 이 책을 썼습니다.

　생존과 번식을 위해 치열하게, 하지만 때로는 유쾌한 지혜로 발랄하게, 그리고 가족을 위해서는 따뜻하게 살아가는 동물들의 생활에 대해 좀 더 알게 된다면 동물에 대한 호기심과 생명에 대한 소중함이 지금보다 커질 거예요.

　오늘밤에는 꿈을 꿀 것 같아요. 아이들이 밀림의 타잔처럼 모든 동물과 친구가 되어 코끼리 등에 올라타 신나게 놀고, 치타와 함께 달리기 시합도 해 보는 꿈이요.

2008년 여름 동물원에서
한태규

■ 차례

동물들의 유쾌발랄 생활 엿보기

생김새 기다란 목을 자랑하는 **기린** • 10

먹이 야생 제1의 사냥꾼 **표범** • 16

잠자기 한 다리로 서서 자는 **학** • 22

의사소통 다양한 소리로 대화하는 **갈매기** • 28

사회생활 끼리끼리 모여 사는 **코끼리** • 34

암컷과 수컷 왕관 같은 화려한 뿔을 자랑하는 **사슴** • 40

구애 사랑을 얻기 위해 노래 부르는 **개구리** • 46

암컷과 수컷의 지위 영원한 사랑을 약속하는 **기러기** • 52

새끼 돌보기 24시간 앉으나 서나 자식 생각뿐인 **캥거루** • 58

집짓기 이름난 건축가 **비버** • 64

알쏭달쏭 유쾌발랄 퀴즈! 퀴즈! • 70

동물들의 유쾌발랄 비밀 엿보기

방어 전략 적의 공격에 먹물을 내뿜는 **오징어** • 74
공격 전략 뾰족뾰족한 가시로 무장한 **고슴도치** • 80
피부와 털 지하 생활에 알맞은 털을 지닌 **두더지** • 86
더위나기 연료 탱크를 등에 진 사막의 나그네 **낙타** • 92
겨울나기 많이 먹고 많이 자는 것이 특기인 **곰** • 98
학습 혹독한 훈련으로 새끼를 키우는 **사자** • 104
이동 알을 낳기 위해 강을 거스르는 **연어** • 110
먹이 탐지 능력 혀를 날름거리며 먹잇감을 찾는 **뱀** • 116
자가 치료 몸이 잘려도 쉽게 죽지 않는 **불가사리** • 122
연기력 아픈 척하는 연기의 달인 **흰물떼새** • 128

알쏭달쏭 유쾌발랄 퀴즈! 퀴즈! • 134

에궁, 힘들어.

브이(V) 자로 쫙 벌린 다리

360도 회전되는 기린의 목

늘씬하고 쭉 뻗은 각선미, 멋진 황갈색 바탕에 흰색의 그물 무늬 털을 가진 '초원의 신사' 기린. 기린은 뒷다리가 앞다리보다 짧아서 땅바닥에 털썩 주저앉지 못한다. 그래서 땅바닥에 있는 먹이를 먹을 때나 물을 마실 때에는 다리를 브이(V) 자로 쫙 벌리고 아주 불안정한 자세를 취한다. 누군가가 다가가 엉덩이를 살짝 밀기만 해도 앞으로 꼬꾸라질 것 같다.

실제로 기린은 물을 마실 때에 맹수들에게 습격을 당하기 쉽다. 그래서 한 번 물을 먹으면 무려 30일 동안 꾹꾹 참는다고 한다. 그 사이 부족한 수분은 보통 2~3미터의 높은 나뭇가지에 달린 나뭇잎과 열매를 주로 먹어 보충하고 말이다.

기린은 하루 종일 나무에 커다란 몸을 숨긴 채 45센티미터나 되는 긴 혀의 입술을 쓱 내밀어 나뭇잎을 길쭉길쭉 뜯어 먹는다. 특히 아카시아에 어린잎이나 새순을 가장 좋아해서 키가 닿는 부분까지 아카시아 나무를 빙 돌아 가면서 잎을 뜯어 먹는다. 그러다 보니 기린에게 습격당한 아카시아

나무는 마치 우산 같은 모양이 된다.

기린의 긴 목은 이처럼 높은 나무에 달린 잎을 먹기에 알맞게 변한 것이다. 또 기린의 목은 길 뿐만 아니라 머리를 360도 회전할 수 있다. 그래서 식사 중에도 사방으로 맹수들을 감시할 수 있다.

사람의 경우 보통 심장에서 머리까지의 거리가 30센티미터 안팎인데, 기린은 무려 2미터, 혹은 그 이상인 경우도 있다고 한다. 이 때문에 기린은 다른 어떤 동물들보다 강한 심장을 가지고 있다. 심장에서 머리까지의 거리가 멀기 때문에 심장이 펌프질을 웬만큼 강하게 하지 않으면 머리 꼭대기까지 신선한 피를 공급할 수 없을 것이다. 그래서 기린의 심장은 크기도 크지만 '초고압 펌프질'을 견딜 수 있도록 심장의 벽도 매우 두껍다.

먹잇감 감시하다 튀어나온 눈

수산 시장에 가 보면 참으로 '못생긴 물고기'들이 많다. 그중에서도 단연코 뒤지지 않는 것이 바로 가자미

등지느러미
몰려 있는 2개의 눈

모래에 몸을 숨긴 가자미

이다. 녀석은 2개의 눈이 등지느러미를 중심으로 보았을 때 오른쪽으로 몰려 있다.

그런데 가자미가 예전부터 눈이 한쪽에 붙어 있던 것은 아니다. 모래가 포근하게 깔린 얕은 바다에 살면서 얼굴이 조금씩 변한 것이다. 몸이 납작한 가자미는 모래에 몸을 숨기는 위장 전술을 펼쳐 먹이를 사냥한다. 가자미의 등 색깔은 모래 색과 비슷해 그 어떤 눈 좋은 물고기라도 가자미가 숨어 있는 것을 눈치 채기 힘들다. 그러나 아무리 사냥을 잘하는 가자미라도 모래 속에서 눈을 감고 있다면 먹잇감을 재빠르게 잡아챌 수 없을 것이다. 모래에 몸을 숨긴 채 먹잇감이 지나가는지 살피느라 눈을 치켜뜨고 있다 보니 가자미의 눈이 점점 한쪽으로 쏠리게 된 것이다.

새우나 게의 눈이 툭 튀어나온 것도 가자미의 경우와 비슷하다. 바다 밑에 사는 게나 개펄에 사는 칠게 등은 모래나 진흙 속에 몸을 숨기고 산다. 새우도 마찬가지다. 이렇게 몸은 숨기고 긴 자루 끝에 매달려 있는 눈만 밖으로 내민다. 그리고 자루를 좌우로 움직여서 주위를 살핀다.

"나의 레이더망에 한번 걸리면 곧 나의 먹잇감이다!"

그 모습이 마치 잠수함의 잠망경 같다. 이렇게 눈을 움직여서 먹이를 잡거나 주변에 위험이 있는지 없는지 경계한다. 우리가 보기에는 툭 튀어나와 불편해 보이는 눈이지만 새우나 게들이 생활하기에는 더할 나위 없이 편리한 것이다.

체온 유지를 위해 길거나 짧은 귀

쫑긋쫑긋! 길고 큰 토끼의 귀는 보면 볼수록 쓸모가 있다. 토끼는 채소나 풀, 곡식을 먹는 초식 동물이다. 그래서 육식 동물처럼 강한 이빨도, 날카로운 발톱도 가지고 있지 않다. 이런 순둥이 중 순둥이인 토끼가 살벌한 생태계에서 살아남기 위해 선택한 것은 다름 아닌 큰 귀다.

토끼의 큰 귓바퀴는 커다란 레이더망처럼 주변의 소리를 모으는 데

편하다. 게다가 잘 움직여서 어느 방향에서 소리가 들리는지 잘 파악할 수 있다. 덕분에 주변에서 자신을 노리는 동물들의 움직임을 재빨리 파악해서 대처할 수 있는 것이다.

또 큰 귀는 몸에 땀구멍이 보잘것없는 토끼의 체온을 조절하는 역할도 맡는다. 토끼가 여우나 독수리, 너구리 등 육식 동물에게 쫓길 때 발생하는 열은 혈액을 통해 귀로 옮겨 간다. 그렇게 대부분의 열이 귀를 통해 몸 밖으로 빠져나간다. 그래서 토끼는 뛸 때 하늘 쪽으로 귀를 쫑긋 세워 바람을 많이 받을 수 있도록 한다.

공기의 흐름으로 몸의 열을 식히는 장치를 공랭 장치라고 한다. 한마디로 토끼는 멋진 공랭 장치를 가지고 있는 셈이다. 사막에 사는 여우도 몸속의 열을 밖으로 많이 내보내기 때문에 유난히 큰 귀를 가지고 있다.

반면 북극여우는 사막에 사는 여우에 비해 몸집이 크고 귀가 작다. 북극이 춥다 보니 몸 밖으로 나가는 열을 줄여야 하기 때문이다. 덩치도 크고 귀도 작으니 그만큼 열을 잃는 속도가 더딘 것이다. 알래스카 시베리안허스키 썰매개는 두꺼운 털가죽에 덮여 있어서 눈 속에 몸을 파묻고 있어도 거뜬히 견딜 수가 있다.

동물을 흉내 낸 사람들

▶ 캥거루로부터 권투를
캥거루는 쫓기거나 급한 상황에 처하면 권투 선수가 주먹을 날리는 것처럼 앞다리를 휘두르거나 뒷다리로 내친다. 그 힘이 얼마나 센지 사람의 배를 찢어 놓을 정도라고 한다. 실제로 권투는 캥거루의 이러한 권투하는 자세에서 빌려 왔다고 한다.

▶ 치타로부터 스파이크 신발을
치타의 놀라운 달리기 속도는 어디에서 나오는 걸까? 어느 날, 스포츠 전문가가 치타의 앞발톱을 흉내 내어 신발 바닥에 징을 박아 보았다고 한다. 여러 번의 실험 끝에 6개의 징을 박는 것이 속력을 내는 데에 가장 큰 도움을 준다는 결과를 얻었다. 오늘날 볼 수 있는 징이 6개 박힌 스파이크 신발은 이렇게 나오게 되었고, 인간은 더 빨리 달릴 수 있게 되었다.

야생 먹이 제1의 사냥꾼 표범

오늘 점심으로는 얼룩말 고기를 먹어 볼까?

몸을 숨기기 적당한 얼룩무늬

표범이 먹지 않고 버린 각종 동물의 창자들

세상에 먹는 일처럼 즐거운 일이 또 있을까? 아무리 점잖은 사람이라도 배가 고프면 체면이고 뭐고 없으니까. 동물들은 더 말할 것도 없다. 신기하게도 동물들의 성격은 먹는 것과 관련이 깊다고 한다. 짐승의 고기를 먹는 녀석들의 대부분은 매우 사나운 싸움꾼이다. 표범, 하이에나, 늑대 등 대부분의 맹수들이 그렇다. 반면 초식 동물, 그러니까 풀을 먹는 짐승들은 덩치에 비해 순한 녀석들이 많다.

육식 동물들의 섬뜩한 식사

날카로운 송곳니, 번득이는 눈! 야생 최고의 사냥꾼인 표범은 대개 깜깜한 어둠 속에서 사냥을 한다. 표범의 사냥 기술은 그 겉모습과는 달리 매우 여유로운 편이다. 신경을 곤두세우긴 하겠지만, 녀석은 주로 나무 위에 올라앉아 평온하게 먹잇감을 기다린다.

표범의 황갈색 바탕에 동그랗고 큰 얼룩무늬는 몸을 숨기기에 아주 적당하다. 표범이 기다리는 먹잇감은 주로 원숭이·멧돼지·사슴과 같은 동물이다. 일단 녀석의 눈에 사냥감이 들어오면 재빨리 달려들어 목을 물어 숨을 끊어 놓는다. 그러고는 닥치는 대로 먹어 치운다? 아니다. 표범의 식사는 매우 체계적이고 순서가 있다.

일단 잡은 먹이는 몸을 깨끗이 핥은 후 털을 모두 벗긴다. 그런 다음 날카로운 송곳니로 가죽을 찢고 쫄깃쫄깃한 고기를 뜯어 먹기 시작한다. 그런데 이때에도 표범은 허겁지겁 서두르지 않으며 절대로 게걸스럽게 먹지 않는다. 마치 레스토랑에서 식사 예절을 갖춰 음식을 먹듯이 염통이나 간, 코, 혀, 엉덩이 살을 순서대로 먹는다. 그리고 창자는 먹지 않고 흙으로 덮어 버린다. 녀석에게는 아마 창자가 혐오 식품인 모양이다. 어쨌든 참으로 깔끔한 뒤처리다. 그렇다면 남은 먹이는 어떻게 할까? 표범은 남은 먹이는 나뭇가지에 걸쳐 놓고

보관한다.

하이에나는 사냥을 하기보다는 다른 맹수들이 먹다 남긴 고기 찌꺼기를 먹는다. 녀석들은 무리 지어 다니다가 다른 맹수들의 식사가 끝나면 재빨리 달려든다. 그리고 표범에 비하면 아주 게걸스럽게 식사를 한다. 놈들은 사자가 먹다 버린 얼룩말쯤은 불과 20~30분 만에 완전히 먹어 치운다. 그래서 녀석들이 떠난 자리에는 늘 하얀 뼈다귀만 남는다.

그렇다고 녀석들을 잔인하다고만 할 수는 없다. 그냥 버려질 수도 있는 고기를 알뜰하게 먹어 치우는 덕분에 그야말로 음식물 쓰레기를 줄이는 것이 되니 말이다. 더 나아가, 시체가 썩는 것을 막아 주니 미생물이 번식해 전염병이 발생할 위험을 덜어 주고, 시체가 썩을 때 나는 고약한 냄새 또한 사전에 없애 주는 것이다. 이 때문에 하이에나는 '아프리카의 청소부'라는 별명도 가지고 있다.

이렇게 표범이나 하이에나를 비롯해 호랑이, 늑대, 살쾡이, 코요테 등 동물을 잡아먹고 사는 육식 동물은 사냥을 통해 먹이를 찾는다. 육식 동물의 날카로운 이빨과 발톱은 중요한 사냥 무기가 되며, 대부분 사납게 생겼으며 성격도 온순함과는 거리가 멀다. 주로 먹다 남은 시체들을 사냥하는 하이에나조차도 고기를 먹는 육식 동물이어

좋지 않은 시력을 가진 눈
듬성듬성 난 이빨
150도까지 벌어지는 턱

서 턱 힘이 아주 세며, 이빨도 굵고 크다. 게다가 귀도 예민해서 먼 거리의 소리도 잘 들을 수 있고, 먼 거리도 시속 65킬로미터의 빠르기로 달릴 수 있다.

송곳니 대신 어금니가 발달한 초식 동물

주로 풀을 뜯어 먹고 사는 동물을 초식 동물이라고 한다. 염소·양·사슴처럼 덩치가 크지 않은 동물뿐만 아니라, 기린·소·말·코끼리처럼 덩치가 큰 동물 가운데도 초식 동물이 있다.

이러한 초식 동물들은 육식 동물처럼 사냥을 하거나 고기를 찢을 필요가 없기 때문에 뾰족하고 날카로운 앞니 대신 넓적하고 평평한 어금니가 발달했다. 그리고 육식 동물에 비해 순한 편이다. 몸집이 크더라도 말이다. 그래서 동물원에 사는 이런 녀석들의 울타리는 높지 않다.

가장 무거운 동물로 이름난 하마도 우락부락하게 생겼지만 아주 순한 초식 동물이다. 그런데 녀석의 식습관은 다른 초식 동물에 비해 아주 특별하다.

하마는 하루 중 12, 10시간 정도 물이나 진흙탕 속에서 쉬다가 해 질 무렵쯤 땅 위로 올라와 먹이를 찾아 나선다.

하마는 후각, 시각, 청각, 시력이 좋지 않다. 게다가 머리까지 좋지 않기 때문에 하마에게 먹는 일은 참 힘들다. 그래서일까? 하마는 식사를 할 때 절대 혼자 행동하지 않는다. 가족이나 친구들 몇몇이 모여야 먹이를 찾아 나선다.

하마는 보통 하루 저녁에 32킬로미터 정도를 이리저리 돌아다니면서 무려 5시간 이상을 먹기도 한다. 거대한 덩치에 걸맞게 하루에 40킬로그램이나 되는 양의 풀을 먹는다.

하마가 이렇게 많은 양의 풀을 먹을 수 있는 것은 특별하게 생긴 입 덕분이다. 하마는 입을 최대한 벌렸을 때, 턱이 150도까지 벌어진다. 그런데 이빨 개수는 몇 개 되지 않고 듬성듬성 나 있다. 그래서 하마는 풀을 베어 먹지 못하고 최대한 입을 크게 쩍 벌리고 바닥을 쓸 듯하면서 입 속의 강한 압력을 이용해 풀을 빨아들인다. 마치 진공청소기처럼.

하마의 특별한 개인기는 먹으면서 똥 싸기. 하지만 더럽다며 흉볼 일이 아니다. 앞서 이야기한 것처럼, 하마는 주로 어둑어둑해지는 저녁에 식사를 하는데다가 시력이 좋지 않다. 게다가 머리까지 나쁘기 때문에 중간중간 똥이나 오줌을 찔끔찔끔 싸서 왔던 길을 표시한다. 한마디로 똥과 오줌 냄새는 하마가 집을 찾아갈 수 있는 특별한 이정표가 되어 주는 것이다. 그래서 비가 내리는 날에는 똥과 오줌이 빗물에 다 쓸려 가 하마가 방황을 하기도 하고 그만 길을 잃기도 한다.

고기며 풀이며 내 입맛대로 먹는다

고기만 또는 풀만 먹는 동물들만 있는 것은 아니다. 침팬지, 멧돼지를 비롯해 오랑우탄, 고릴라 등은 고기든 풀이든 뭐든지 잘 먹는 잡식 동물이다.

먼저 침팬지를 살펴보자. 생김새도 사람과 비슷하고 식물이면 식물, 곤충이면 곤충, 고기면 고기, 못 먹는 것 없이 잘 먹는다. 녀석은 나무순이나 어린잎·나무진·씨앗 등도 잘 먹지만, 흰개미, 나방이나 투구벌레의 유충, 벌의 애벌레나 꿀, 새알이나 병아리까지 먹는다. 그것으로 모자라면 영양, 멧돼지, 비비원숭이, 푸른색 원숭이 등의 새끼도 잡아먹는다.

탐욕스러운 식탐을 가진 동물이라면 멧돼지를 빼놓을 수 없다. 비단 멧돼지뿐만 아니라 사람이 키우는 돼지만 보더라도 돼지 종류들이 얼마나 먹어 치우는지 알 수 있다. 멧돼지는 사람이 남긴 음식은 뭐든지 먹는다. 그래서 멧돼지는 이따금씩 사람이 사는 마을로 내려와 밭을 파헤치고 곡식을 망쳐놓기도 한다. 식물의 뿌리와 줄기, 보리, 벼, 채소 등이 모두 녀석이 좋아하는 것들이다. 그런데 멧돼지의 식탐은 여기서 그치지 않는다. 여러 가지 곤충을 비롯해 지렁이나 개구리 같은 작은 동물, 심지어 뱀, 노루 새끼, 토끼까지 먹는다.

이런 것도 먹니?

▶ **똥을 먹는 쇠똥구리**
쇠똥구리는 소나 말과 같은 초식 동물의 똥을 먹고 산다. 똥을 동그랗게 잘 빚어 10센티미터쯤 되는 구덩이에 밀어 넣고 그 똥 위에 알을 낳는다. 알이 애벌레가 되면 그 집이 먹이가 된다. 뿔풍뎅이 역시 똥 무더기를 발견하면 신이 나서 똥을 빚어 알을 낳는다.

▶ **엉덩이를 빠는 개미**
개미는 진딧물의 엉덩이를 빤다. 진딧물이 부드러운 어린 줄기에서 즙을 빨아 먹으면 개미는 진딧물의 배를 더듬이로 두들긴다. 그러면 진딧물은 엉덩이에서 단물을 내는데, 매우 달다. 그 대신 개미는 진딧물의 천적인 무당벌레나 잠자리를 쫓아내서 진딧물을 보호해 준다.

▶ **술 마시는 오랑우탄**
오랑우탄은 여러 종류의 과일을 고목이 썩어서 생긴 구멍에 저장한다. 저장된 과일은 장마철 동안 빗물에 섞이고 시간이 지나면서 발효되어 술이 된다. 원주민들이 과일의 맛을 보고 비슷한 방법으로 술을 만들었다.

잠자는 학

품속에 다른 한 쪽 다리가 숨겨 있다.

원더네트에 의해 체온이 일정하게 유지된다.

잠자기 한 다리로 서서 자는 학

이솝 우화 〈토끼와 거북〉에서는 날쌘돌이 토끼가 느림보 거북을 얕보다가 경주에서 진다. 잠이 든 결과다. 그런데 실제 야생의 토끼는 적에 대한 경계심 때문에 아주 잠깐밖에 잠을 자지 않는다. 그래서 국어사전에도 토끼잠은 '깊이 잠들지 못하고 자주 깨는 잠'이라고 수록되어 있다. 대체로 육식 동물의 공격을 받을 위험이 큰 동물일수록 이런 토끼잠을 잔다고 한다. 기린은 한번 잠들면 고작 10분 정도밖에 자지 않는다. 기상천외한 동물들의 잠자는 자세를 살펴보자.

눈 뜨고 자는 물고기

서서도, 날면서도 잔다

편안한 자세로 자는 맹수들

쿨~ 쿨~

　오죽하면 서서 잠을 잘까? 사람도 잠이 모자라면 걸어가면서도 깜빡 잠이 든다. 그만큼 잠은 사람에게나 동물에게나 꼭 필요하다. 심지어 새들은 잠이 모자라면 날아가면서도 잠을 잔다고 한다.

　선 채로 잠을 자는 동물 가운데 눈에 띄는 동물은 단연코 학이다. 서서 자는 것도 힘들 텐데, 학은 심지어 한 다리로 서서 자기 때문이다.

　학은 얕은 물이 고여 있는 질퍽하고 습한 곳에서 주로 지내며, 작은 쥐나 미꾸라지 등을 잡아먹는다. 그런데 이렇게 습한 곳은 낮과 밤의 기온 변화가 크다. 그래서 밤이 되면 열을 최대한 적게 빼앗기면서 체온을 유지해야 힌다. 이 때문에 학은 머리를 뒤로 돌려서 등쪽 깃털 사이에 푹 파묻고, 두 다리 가운데 하나를 접어서 품속에 넣은 채 잠을 잔다.

　그렇다면 물속에 담근 한쪽 다리는 괜찮을까? 아무리 얼굴과 한쪽 다리를 따뜻하게 한다고 해도 나머지 한쪽 다리가 물속에 담겨 있으니 체온이 떨어지지 않을까? 대답은 '체온은 떨어지지 않는다'이다.

　학은 발목 부분에 '원더네트(Wonder Net)'라는 전열 장치가 있다. 원더네트는 한마디로 열교환 장치이다. 발끝에서 차가워진 피는 이 열교환 장치에 따라 따뜻하게 데워져 심장 쪽으로 흐르고, 반대로 심장 쪽에서 흘러온 따뜻한 피는 차갑게 식혀져 발끝으로 가는 것이다. 그 때문에 다리와 발의 체온이 일정하게 유지되어 차가운 물이나 얼음판 위에 서 있어도 발이 시리거나 동상에 걸리지 않는 것이다. 원더네트는 학뿐만 아니라 오리나 펭귄, 그리고 주로 물에서 생활하는 새들에게도 있다.

학의 뛰어난 균형 감각 또한 특별한 자세로 잠자는 것을 가능하게 한다. 눈을 감고, 가느다란 한쪽 다리로 몸 전체를 지탱하면서 비틀거리지 않고 오래 설 수 있는 능력은 사람에게는 절대 불가능한 일이다.

나무에 매달려서 잠잘 수 있을까?

동물들의 잠자는 자세를 보면 강자와 약자를 대충 구별할 수 있다. 사자 같은 맹수들은 아주 편안한 자세로 늘어지게 오래 자는 편이다. 왜냐하면 사자를 공격할 만한 적수가 없기 때문이다. 그래서 녀석은 평소에는 하루 12~13시간 가량 자며, 배가 부를 때는 2~3일씩 잘 때도 있다고 한다.

이에 반해 늘 맹수의 공격을 걱정해야 하는 기린은 하루 평균 한두 시간밖에 잠을 자지 않는다. 그것도 아주 불편하기 이를 데 없는 자세로 잠을 잔다. 기린이나 말도 학처럼 서서 잔다. 적이 습격해 오면 재

나도 푹~ 자고 싶어.

하루 평균 한두 시간밖에 잠을 못 자는 야생의 기린

빨리 도망쳐야 하기 때문에 잠을 자는 동안에도 긴장을 풀 수 없는 것이다. 그래서 잠을 자면서도 주변의 작은 움직임이나 소리에도 예민하게 반응하며 주변을 살피면서 토막잠을 잔다.

마른 낙엽과 닮은 모습

외투처럼 날개로 몸을 감싼 박쥐

물론 예외는 있다. 야생이 아닌 동물원에 사는 기린이나 말은 사자처럼 편하게 오래도록 잔다. 적의 기습을 걱정할 필요가 없기 때문이다.

박쥐는 날개를 마치 외투처럼 이용해 몸을 감싼 후 거꾸로 매달려 잔다. 보통 박쥐들은 어둡고 조용한 곳에서 잠을 잔다. 그래서 박쥐들에게 사랑받는 잠자리는 다름 아닌 동굴이다. 박쥐들은 보통 10마리 이상 모여서 자는 것을 좋아한다.

그런데 녀석들은 거꾸로 매달려 자면서도 한 번도 떨어지는 법이 없다. 어떻게 그럴 수 있을까? 박쥐의 무릎 관절에 그 비밀이 있다. 일단 박쥐의 넓적다리뼈는 퇴화했기 때문에 똑바로 섰을 때 체중을 지탱할 수 없다. 물론 서서 걸을 수도 없다. 여기에 더하여 무릎의 관절이 등 쪽으로 구부러지게 되어 있다. 이것이 박쥐가 새처럼 나뭇가지에 편하게 앉아서 쉬거나 잘 수 없는 이유이다. 그런데 한편으로는 이런 신체 구조 덕분에 박쥐가 거꾸로 매달려 있을 수 있는 것이다.

박쥐가 거꾸로 매달려 날개를 오므리고 있는 모양은 마치 마른 낙엽처럼 보인다. 그래서 천적들을 감쪽같이 속일 수 있다. 그리고 박쥐가 서서 매달린 채 날개를 펼친 모양은 적을 위협하는 수단이 되기도

동물원에서는 푹 잘 수 있어.

여름에 자는 여름잠, 겨울에 자는 겨울잠

열대 지방에서는 여름잠을 자는 동물들을 찾을 수 있다. 이곳은 여름이면 풀이 마르고 먹이도 없어지기 때문이다. 여름잠을 자는 동물로는 도마뱀이나 장지뱀이 있다. 해삼은 여름이면 빛이 들지 않는 바다 속이나 모래 속으로 들어가서 잠을 잔다. 또 쟁기발 개구리는 비가 내리지 않는 사막에 사는데 7월 한 달을 제외하고 무려 열한 달이나 잠을 잔다. 곰, 개구리, 거북, 뱀 등의 양서류와 파충류, 그리고 박쥐나 고슴도치, 다람쥐 같은 포유류 등은 겨울잠을 잔다.

여름잠이나 겨울잠에 빠지면 호흡수와 맥박이 급격히 낮아지기 때문에 열량이 많이 소모되지 않는다. 또 체내에 쌓아 놓았던 지방을 이용해 영양과 물을 공급받는다.

한다.

박쥐의 날개는 여러모로 쓸모가 있다. 앞서 이야기했지만 날개는 외투처럼 몸을 감쌀 수 있고, 깊이 잠들었을 때 혹 떨어지더라도 날개를 빠르게 펴서 천천히 떨어지기 때문에 크게 다치는 일이 거의 없다.

박쥐는 잠을 잘 때 체온을 주변의 온도와 같게 떨어뜨린다. 그랬다가 잠에서 깨면 다시 체온이 상승한다. 이렇게 박쥐처럼 환경에 맞춰 체온을 조절할 수 있는 동물을 '변온 동물'이라고 한다. 동물들은 잠잘 때조차 이토록 치열하게 생존을 고민하는 것이다.

물을 침대 삼아 이불 삼아 편하게 잔다

절에 가면 대웅전 처마 끝에 매달려 있는 '풍경'을 볼 수 있다. 이러한 풍경의 대부분은 작은 종처럼 생겼고, 가운데에 추를 달고 그 끝에는 대부분 물고기 모양의 쇳조각을 달아 바람이 움직이는 대로 흔들리며 소리가 난다. 그렇다면 왜 하필이면 물고기 모양의 쇳조각을 매달아 놓았을까? 그것은 잠잘 때조차 눈을 뜨는 물고기처럼 늘 수도에 매진하라는 뜻이라고 한다.

그렇다. 물고기는 눈을 뜨고 잠을 잔다. 잠잘 때조차도 눈을 감지 않기 때문에 물고기는 잠이 없다고 생각하는 사람들도 있다. **하지만 물고기는 눈을 뜬 채 토끼잠을 잔다.** 끊임없이 헤엄쳐야 하는 물고기에게 잠은 피로를 풀기 위해서도 반드시 필요하다.

멀리 이동하는 물고기들은 헤엄치면서 잠을 자기도 한다. 돌고래의 경우가 그렇다. 그렇다면 헤엄치면서 잠을 자면 물속에서 길을 잃지는 않을까? 그런데 대부분 무리를 따라 이동하기 때문에 깜빡 졸더라도 무리를 벗어나 길을 잃을 염려는 없다.

아름다운 색깔을 자랑하는 놀래기는 해가 지면 물 밑으로 내려간다. 놀래기의 이불은 부드러운 모래이다. 모래를 덮고 잔 놀래기는 다음 날 해가 뜨면 다시 하루를 시작한다.

족제비와 비슷하게 생긴 해달은 바다 위에 뜬 채 잔다. 큰 바다풀 덩어리를 몸에 둘둘 감고 바다를 침대 삼아 자는 것이다. 이렇게 하면 잠자는 사이 바닷물에 떠내려가지 않기 때문이다.

족제비를 닮은 해달
풀로 친친 감은 몸
바다풀

의사소통
다양한 소리로 대화하는 갈매기

독일 튀빙겐 대학의 후버 박사는 숲에서 귀뚜라미가 내는 5백 가지 소리를 녹음했다. 그리고 그 소리 가운데 몇 가지를 골라내어 전화기를 통해 숲으로 내보냈다. 그러자 귀뚜라미 암컷들이 전화기 근처로 날아들더니 소리가 흘러나오는 수화기 속으로 들어가려 했다. 이 실험으로 후버 박사는 곤충들에게도 언어가 있다는 결론을 내렸다.

새들의 풍부한 언어

사람이 동물의 언어를 속속들이 파악하기란 쉽지 않다. 동물마다 각기 다른 다양한 의사소통 방법이 있기 때문이다. 사람의 청력으로는 들을 수 없는 소리를 이용하기도 하고, 특별한 냄새나 독특한 몸짓, 즉 보디랭귀지로 의사소통하기도 한다.

소리로 의사소통하는 동물들 가운데 유독 눈에 띄는 무리는 갈매기이다. 보통 큰 무리를 지어 생활하는 동물들이 언어가 풍부한 편인데, 갈매기 역시 그렇다.

갈매기는 수백 마리 이상 무리를 지어 살며 비슷한 시기에 함께 번식한다. 갓 태어난 새끼까지 합하면 수백 수천 마리가 한 무리를 이룬다. 갈매기가 내는 소리는 우리 귀에는 별 차이 없게 들린다. 하지만 짝짓기를 할 때, 새끼를 부를 때, 먹이가 있을 때 부부간에 알 품기를 교대할 때, 적을 공격할 때나 침입자가 나타났을 때 서로 다른 소리를 낸다.

비행하는 갈매기들은 보통 '끼륵끼륵' 소리를 낸다. 우리가 흔히 들을 수 있는 소리이다. 이것을

풀이하면 '내가 여기에 있으니까 부딪히지 않게 조심해'라는 뜻이라고 한다. 그래서 '끼륵끼륵' 소리를 들으면 어떤 갈매기든 뒤나 옆을 돌아보지 않아도 된다. 소리를 듣고 상대방의 위치를 알 수 있기 때문이다. 천적이 나타나면 갈매기는 다른 소리를 낸다. 언뜻 들으면, '매매매'처럼 들리는 신호음을 낸다. '매가 나타났으니 조심해!'라는 뜻이라고 한다.

심지어 갈매기는 비슷비슷하게 생긴 수천 마리의 무리 중에서 '소리'로 제 새끼를 찾아내기도 한다. 이것은 그들 무리 안에서도 갈매기마다 각각의 소리가 다르다는 말이기도 하다. 마치 사람마다 목소리가 다르듯이, 우리 귀에는 비슷하게 들리는 갈매기의 소리가 저희들끼리는 분명 다르다는 것이다.

갈매기뿐만 아니라 새는 어떤 종류의 동물보다 풍부한 언어를 가지고 있다. 미국의 한 과학자에 따르면, 새의 목소리를 분류하는 데 무려 4백 개 이상의 부류가 필요하다고 한다. 뿐만 아니라, 녀석들 사이에도 외국어 같은 것이 존재한다는 학설도 있다. 가령 유럽의 까마귀는 미국의 까마귀가 울부짖는 소리에 전혀 반응하지 않는다는 것을 실험을 통해 밝혀 낸 예도 있다.

들리지 않는 초음파의 비밀

소리를 내지도 않고, 몸짓 언어를 사용하지도 않으면서 대화하는 동물도 있다. 바로 박쥐다. 박쥐는 캄캄한 동굴 속이나 어두운 밤에도 매우 빠른 속도로 날아다닌다. 그리고 수풀이나 빽빽한 나무 사이를 날아다니기도 하는데, 신기하게도 박쥐는 어디에도 절대로 부딪히지 않는다. 박쥐의 이런 신기한 재주는 모두 초음파 덕분이다.

소리의 파동을 음파라고 하는데, 음파가 전달되어 우리의 고막을 칠 때 소리를 듣는 것이다. 음파의 단위는 헤르츠(Hz)를 사용하며, 1헤르츠는 1초에 한 번 진동한다는 뜻이다. 사람은 20헤르츠 이상 2만 헤르츠 미만의 소리만 들을 수 있다. 사람이 들을 수 없는 20헤르츠 미만의 소리를 초저주파라고 하고, 2만 헤르츠 이상의 소리를 초음파라고 한다.

박쥐는 사람이 들을 수 없는 초음파를 이용해 물체의 위치를 파악한다. 박쥐의 몸에서 나온 초음파가 물체를 만나 부딪치면 다시 박쥐에게 되돌아간다. 그렇게 되돌아온 초음파를 통해 박쥐는 물체가 어느 방향에 있는지, 움직이는지, 그 크기는 어느 정도인지를 파악한다.

눈으로 보는 것이 아니기 때문에 빛이 없어도 아무런 문제가 없다. 박쥐에게는 캄캄한 동굴 속에서 새끼를 찾는 일도 그야말로 식은 죽 먹기다. 게다가 갓 태어난 박쥐 새끼들이 내는 소리는 사람의 귀에도 들린다. 초음파를 내지 않는다는 말이다. 그래서 어미 박쥐는 초음파를 이용해 새끼의 위치를 파악하고, 소리를 듣고 새끼를 구별할 수 있는 것이다.

돌고래 또한 박쥐처럼 초음파를 이용한다. 암컷과 수컷이 사랑의 대화를 나누거나, 먹이를 찾을 때, 그리고 서로의 위치를 알릴 때 초음파가 중요한 수단이 된다.

반면 코끼리는 사람에게 들릴 듯 말 듯한 저주파를 사용한다. 녀석들은 평소에는 건설 현장에서 나는 소음만큼이나 큰 소리로 소통하다가 이동할 때에는 저주파로 신호를 보낸다. 코끼리는 2~3킬로미터의 간격을 두고 무리 지어 이동하곤 하는데, 이때 바로 웅얼거리는 소리처럼 들리는 저주파를 이용한다. 코끼리가 사용하는 저주파 신호는 울창한 수풀을 지나 10킬로미터 밖에까지 전달되며, 콘크리트 벽 건너편에 있는 코끼리가 암컷인지 수컷인지도 구분한다고 한다.

페로몬을 내뿜는 곤충

개미는 소리도 초음파도 아닌 '페로몬'이라는 특수한 화학 물질을 이용해 의사소통한다. 페로몬은 자그마한 개미의 엉덩이 부분에서 나오며, 양은 적지만 매우 강한 냄새를 지니고 있다. 그래서 1밀리그램만 있어도 지구를 세 바퀴나 돌 수 있는 냄새 길을 만들 수 있다고 한다.

예를 들어 개미가 맛있는 과자 조각을 발견하면 그 자리에서 집까지 페로몬을 찍 뿌려 표시해 두는 것이다. 그러면 나중에 무리를 이끌고 쿵쿵 냄새를 맡으면서 찾아올 수 있다. 이때 개미들은 길을 따라가면서 다시 페로몬을 뿌려 표시한다. 왜냐하면 페로몬은 알코올처럼 금방 날아가 버리기 때문이다.

음성 신호를 사용하는 돌고래

한 과학자가 두 마리의 돌고래를 대상으로 실험을 했다. 2개의 도형을 보여 주고 하나의 도형을 가리키면 왼쪽 단추, 다른 하나의 도형을 가리키면 오른쪽 단추를 누르는 훈련을 시켰다.

훈련을 마친 후 과학자는 수족관을 두 부분으로 나누어서 각각 돌고래를 한 마리씩 넣었다. 오른쪽 수족관의 돌고래는 도형만 볼 수 있게 하고, 왼쪽 수족관의 돌고래는 버튼을 누를 수 있게 해 둔 것이다. 그리고 실험을 반복하자 도형을 볼 수 없는 왼쪽 수족관의 돌고래가 버튼을 눌렀다. 오른쪽 수족관의 돌고래가 도형을 보고 왼쪽 수족관의 돌고래에게 어떤 버튼을 눌러야 하는지 알려 준 것이다. 이 실험은 돌고래가 음성 신호를 사용해 의사소통한다는 사실을 뒷받침해 주었다.

바퀴과 곤충도 페로몬을 내뿜는다. 바퀴는 빛을 아주 싫어해서 웬만하면 환한 곳에는 잘 나타나지 않는다. 그런데도 바퀴들이 깜깜해도 길을 잃지 않고 굶지 않고 잘 먹고 다닐 수 있는 것은 페로몬 때문이다. 바퀴들은 페로몬을 이용해 친구들과 정보를 교환한다.

"안방 문턱 아래 장판에 가면 먼지도 많고 손톱하고 발톱들도 있더라.", "주방에 있는 쓰레기통 쪽에는 무시무시한 바퀴 잡기용 끈끈이가 있으니 밟지 않게 조심해." 등 서로에게 먹이가 있는 곳은 물론이고 위험한 곳과 살기 좋은 곳 등을 페로몬을 뿜어 알린다.

그래서 바퀴들이 우글우글 몰려 있는 곳에는 바퀴들이 뿜어낸 페로몬과 먹다 남은 것을 토해 낸 찌꺼기, 또 죽은 바퀴 썩는 냄새가 교묘히 합쳐져 곰팡이 냄새 비슷한 악취가 난다.

페로몬을 뿌리는 개미

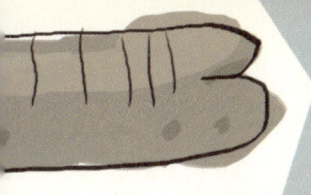

우두머리의 말이라면 꼼짝 못해

 육지 동물 가운데 몸집이 가장 큰 동물이 바로 코끼리이고, 체중이 무려 12톤이나 된다. 코끼리는 이름대로 '저희들끼리' 무리를 지어 다닌다. 아프리카 코끼리는 15~30마리 정도, 아시아 코끼리는 보통 6~7마리가 한 무리를 이루며, 많게는 12~15마리가 무리를 짓는다고 한다.

 그런데 이런 무리는 새끼 코끼리를 제외하고는 거의 암컷으로만 구성된다. 대체로 여왕 코끼리와 그의 여동생 코끼리들이 주를 이룬다. 무리 가운데 제일 나이 많은 여왕 코끼리는 어디에 맛있는 먹이와 물이 많은지, 적이 나타날 때에는 어떻게 대처해야 하는지 등, 오랜 경험으로 습득한 정보를 많이 갖고 있다. 이 때문에 무리는 여왕 코끼리의 지혜와 경험을 인정하고 그녀의 명령에 무조건 복종한다.

 그렇다면 수컷 코끼리들은 어떨까? 수컷 코끼리는 태어난 지 12년 정도 되면 무리를 떠나야 한다. 그러고는 수컷들끼리 작은 무리를 이루어 여왕 코끼리 무리 주위에 산다. 이런 수컷 무리는 여왕 코끼리 무리와 일정한 거리를 두고 살지만, 이동할 때 선두에 서서 길 안내를 하고, 적이 나타났을 때는 목숨을 내걸고 싸워 여왕 코끼리와 무리를 안전하게 보호한다. 든든한 경호원 역할을 하는 것이다.

무리와 반대 방향으로 달리는 우두머리 얼룩말

하지만 모든 수컷 코끼리가 경호원 역할을 할 수 있는 것은 아니다. 힘이 가장 세고, 건강하며, 평소 여왕 코끼리의 눈에 든 수컷들이 그 명예로운 자리를 차지할 수 있다. 그런데 평생 봉사나 하고 위험할 때에는 목숨까지 잃을 수 있는 자리인데 욕심을 낼 코끼리가 있을까? 그건 모르는 말씀이다.

경호원을 하면서 여왕 코끼리의 총애를 입으면 여왕 코끼리에게 장가를 들 수 있고, 여왕 코끼리의 남편으로서 일생을 편하게 지낼 수 있다. 이 때문에 수컷 코끼리는 여왕 코끼리와 그 무리를 위해 끈기와 인내로 봉사한다.

만약 불만을 품고 자신의 임무를 제대로 하지 않는 수컷 코끼리는 아주 쓴맛을 봐야 한다. 여왕의 명령을 받은 무리 전체가 집단 폭행을 해서 추방하거나, 때론 목숨을 빼앗기도 한다.

특히 아프리카 코끼리는 인도 코끼리에 비해 난폭하고, 한번 화가 나면 복수심에 불타오르기로 유명하다. 아프리카 원주민들이 코끼리 가죽으로 방패를 만들기 위해 코끼리를 잡으면 여왕 코끼리의 지휘 아래 코끼리 무리들의 공격이 시작된다. 그러고는 원주민에게 잡힌 동료 코끼리의 흔적을 찾기 위해 마을을 쑥대밭으로 만들어 놓는다. 그런 다음 동료 코끼리 시체를 거두면서 슬픔을 표현하고 유유히 사라진다고 한다. 이렇게 코끼리는 서로를 챙겨 주는 마음이 크다.

또한 코끼리는 한번 적의 습격을 받았던 곳은 기억하고서 다시 가지 않을 정도로 지능이 높기도 하다. 코끼리는 이러한 단결력과 지능 덕분에 지금까지도 멸종되지 않고 살아가고 있다.

빙글

빙글

맹수들의 눈을 어지럽게 하는 무늬

먼지를 일으켜!

적의 시야를 흐리게 하는 먼지

똘똘 뭉쳐 사는 얼룩말

얼룩말은 태어나서 죽을 때까지 수많은 맹수의 공격으로부터 자유롭지 못하다. 얼룩말의 줄무늬 옷은 맹수들의 눈을 속이는 데 큰 역할을 한다. 줄무늬가 얼룩말의 몸집을 커 보이게 하기 때문이다.

얼룩말은 똘똘 뭉쳐서 사는 방법을 일찍 터득했다. 얼룩말은 워낙 순해서 서로 싸우지 않고 격려하며, 어려움이 있을 때 힘을 잘 모은다. 이러한 단결심은 다른 동물들에게 모범이 되기에 충분하다. 얼룩말은 보통 70~100마리 정도가 일정한 간격으로 이동하면서 생활한다. 이 무리에서 이탈하거나 낙오되는 녀석들은 꼼짝없이 사자의 먹잇감이 된다.

만약 적이 나타나면 얼룩말의 우두머리는 얼른 입으로 소리를 내고 꼬리를 흔들며 '조심해, 적이 나타났다! 모두들 얼른 도망가!'라는 신호를 보낸다. 그러면 얼룩말들은 시끄럽게 울부짖으며 발굽 소리를 낸다. 그리고 도망치기 시작한다. 이때 얼룩말의 달리는 속력은 보통 시속 64킬로미터쯤 되나. 전속력으로 달리면서도 얼룩말은 발굽으로 최대한 먼지를 많이 일으켜서 따라오는 사자들의 시야를 흐리게 하는 것을 잊지 않는다.

공격 신호를
기다리는
얼룩점박이
하이에나

또 한 가지! 이렇게 정신없는 와중에도 무리를 이탈하지 않아야 한다. 함께 행동해야 사자가 쉽사리 덤벼들지 못한다. 얼룩말이 함께 내지르는 뒷발질의 위력은 사자에게도 매우 위협적이기 때문이다. 하지만 굶주린 사자나 표범 등은 절대 얼룩말의 무리를 놓치지 않는다. 그래서 얼룩말의 우두머리는 필사적으로 무리와 반대 방향으로 달린다. 사자를 유인하여 무리를 안전하게 보호하기 위해서다.

얼룩말의 단결력은 암컷이 새끼를 낳을 때도 발휘된다. 암컷의 임신 기간은 345~390일 정도 되는데, 새끼를 낳기 하루 전에 무리를 찾아와 다른 수컷들에게 도와 달라고 한다. 그러면 수컷들은 맹수들이 잘 보이지 않는 후미진 곳으로 암컷을 데리고 간다. 새끼를 낳을 때 진통이 시작되면 수컷들은 암컷을 가운데 놓고 머리를 암컷 쪽으로 향하고 동그랗게 선다. 이렇게 수컷들에게 둘러싸인 암컷은 안전하게 새끼를 낳는다.

만약 멀리서 맛좋은 얼룩말들의 엉덩이를 보고 맹수들이 쫓아온다면 수컷들은 원을 유지하면서 뒷발로 뻥뻥 찬다. 얼룩말의 뒷발질에 4~5미터 나가떨어진 맹수는 도망친다.

사회생활의 기본은 함께 사냥하기

작전을 짜고 있는
얼룩점박이하이에나

코끼리나 얼룩말의 생활에서 알 수 있듯이 동물들이 무리를 이루고 사는 것은 대부분 생존을 위한 필연적인 선택인 경우가 많다. 반면 맹수들은 보다 효율적인 방법으로 사냥하기 위해 무

얼룩점박이하이에나의 먹잇감

신호를 보내울 때까지 기다리자.

리를 짓기도 한다.

암수 한 쌍과 그 새끼들로 무리를 이루고 사는 **이리는 사냥할 때 무리의 지도자인 수컷을 철저히 따르는 것으로 유명하다.** 이리는 혼자서 우연치 않게 손쉬운 사냥감을 발견하더라도 쉽사리 공격하지 않는다. 대부분은 무리의 지도자를 따라 사냥에 나서는 경우가 보통이다. 그리고 이 지도자 역시 매우 신중하게 결정한 뒤에 사냥을 시작한다.

얼룩점박이하이에나는 보통 50마리 이상이 함께 지낸다. 이들은 철저한 동반 사냥의 방법으로 저희들의 몸무게보다 네 배에 가까운 얼룩말까지 사냥할 수 있다. 3~4마리에서 20마리의 얼룩점박이하이에나가 힘을 합쳐 얼룩말이 지칠 때까지 끈질기게 쫓는 방법으로 먹잇감을 사로잡는다. 이러한 사냥법은 혼자 사냥하는 것보다 성공률이 높고 부상의 위험도 줄일 수 있다.

그러나 필요 이상의 무리를 이루지는 않는다. 무리가 커질수록 자신에게 돌아올 몫이 적어지기 때문이다. 이 때문에 초식 동물보다는 육식 동물의 무리 수가 더 적다.

요상한 사회도 다 있네

▶ **사냥할 때는 다른 가족과도 협동**

늑대는 평상시에 한 가족이 모여 산다. 그런데 겨울에는 다른 가족들과도 모여 산다. 몸집이 작은 동물의 수가 줄어서 사슴류처럼 큰 동물을 사냥할 일이 많아지기 때문! 추운 북쪽 지방에 사는 여우들도 큰 무리를 짓고 생활한다. 보통 한 무리가 4~8마리 정도이며, 무려 36마리의 큰 무리도 발견된 일이 있다.

◀ **계급장이 제일 중요해**

벌은 여왕벌, 수벌, 일벌로 나뉜다. 한 마리의 여왕벌은 계속 알을 낳기만 하고, 수벌은 평상시에 계속 먹기만 하고 논다. 수벌이 한 번 일하는 것은 짝짓기 할 때뿐! 일은 오직 일벌들의 몫이다. 억울하다고? 그럼 여왕벌이 되든지. 개미들의 사회도 마찬가지다.

▶ **떨어져 살면 못 살아**

고릴라는 5, 6세 어린아이질 지능 지수가 높다. 10마리 안팎으로 무리를 지어 가족끼리 오순도순 평화롭게 살아간다. 이런 고릴라의 새끼를 잡아다가 동물원에서 키운다면? 이들은 고향을 떠나면 죽는 줄 알고 있으며, 더 심하면 먹지도 않고 어미의 품과 고향을 그리워하며 죽는 일이 많다. 그래서 선진국에서는 대형 텔레비전으로 아프리카 정글에서 살아가는 고릴라의 모습을 보여 주며 안심을 시킨다.

참개구리의 암수를 구분하려면 발가락을 보면 알 수 있다. 수컷은 앞발 첫 번째 발가락 아랫부분에 두툼한 혹이 나 있다. 이것을 '생식 혹'이라고 하는데, 짝짓기를 할 때 암컷을 꼭 끌어안기 위해 생기는 것이다. 가재도 다리로 암수를 구분할 수 있다. 앞에 달린 두 쌍의 다리가 나머지 세 쌍보다 크면 수컷이고, 다섯 쌍의 크기가 모두 같으면 암컷이다. 이렇게 암수가 서로 다른 동물을 찾아보자.

암컷에는 없는데, 수컷에는 있다

세상의 모든 동물은 암컷과 수컷이 구별되어 있다. 동물의 암컷과 수컷을 구별하는 가장 손쉬운 방법은 동물의 생김새를 유심히 관찰하는 것이다. 항상 통하는 진리는 아니지만, 보통 수컷이 암컷보다 더 화려하고 아름다운 색을 띠고 있다. 생김새뿐만 아니라 외모도 위풍당당하다.

사슴의 경우에는 커다란 왕관처럼 보이는 뿔까지 있으니 그것만 보더라도 수컷임에 틀림없다. 뿔은 해마다 늦은 봄이면 가지처럼 새로 돋아난다. 풀도 아닌 것이 무럭무럭 자란다니 신기한 일이다. 처음에는 말랑말랑한 뿔이 시간이 지나면 단단하게 굳어진다.

사슴의 뿔은 다른 수컷보다 훨씬 뛰어나다는 것을 알리는 역할을 한다. 그리고 동시에 번식기에는 왕위 쟁탈전에서 유용하게 쓸 수 있는 무기가 되기도 한다. 덕분에 화려하고 튼튼한 뿔을 가진 수컷 사슴은 많은 수의 암컷을 거느리면서 자식들을 낳을 수 있는 것이다.

사자도 마찬가지다. 사자는 갈기로 암수를 구분한다. 갈기가 있는 것은 수사자, 없는 것은 암사자다. 보통 수사자는 자신의 존재를 알리고 위용을 드러낼 때 덥수룩한 갈기를 곧추세우며 크게 울부짖는다. 갈기를 세우는 것은 몸집을 더 크게 보이기 위해서다. 이때 사자가 내는 우렁찬 소리를 '사자후'라고 한다. 이 소리를 들은 힘이 약한 사자나 사자의 먹잇감이 되는 연약한 동물들은 감히 그의 영역 근처에 얼씬하지 못하며, 암사자들은 꼬리를 슬쩍 내린다고 한다.

윤기가 자르르 흐르는 깃털

암컷보다 더 아름다운 수컷

동물의 세계에서 수컷은 이왕이면 화려한 모습을 하는 것이 유리하다. 종족을 번식하려는 본능에 따라 수컷은 암컷에게 잘 보여야 짝짓기를 할 수 있기 때문이다. 이러한 현상은 특히 새들에게 잘 나타난다.

우선 꿩은 암수를 부르는 이름도 다르다. 수컷은 '장끼', 암컷은 '까투리'라고 부른다. 장끼는 색이 화려하고 아름다운

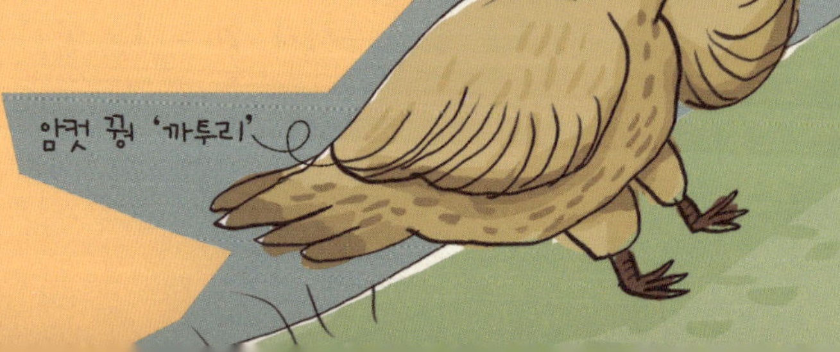

수컷 꿩 '장끼'

암컷 꿩 '까투리'

것이 특징이다. 털에 윤기가 흐르는데, 이 때문에 길고 뾰족한 깃털은 오래전부터 장식용으로 많이 사용되었다. 고구려 무사나 신라 화랑의 모자를 비롯해 무당이 쓰는 모자에 장끼의 깃털을 꽂아 장식했다.

장끼의 머리 꼭대기와 뒷머리는 어두운 구릿빛이며, 턱 밑은 검은색, 목에는 흰 띠가 멋지다. 그리고 배와 가슴 부분에는 오렌지 빛깔과 갈색빛의 깃털이 화려하다. 게다가 눈 주위가 온통 붉은색이다. '나를 좀 봐 주세요!'라고 시위라도 하는 듯하다.

반면 까투리는 수컷에 비하면 참으로 밋밋하고 소박한 모습이다. 심지어 몸무게에서도 차이가 난다. 장끼의 몸무게는 보통 1킬로그램 정도인데, 까투리는 700그램 정도라고 한다. 또 장끼는 까투리보다 울음소리도 더 우렁차다.

꿩과 마찬가지로 뜸부기도 암수가 판이하게 다르다. 수컷은 온몸이 윤기 나는 깃털로 덮여 있고, 앞이마에 붉고 긴 볏이 있다. 역시 몸무게도 차이가 나서 수컷이 암컷의 두 배쯤 된다. 심지어 암컷은 그리 튀지 않는 황갈색에 가까워 수컷과는 아예 다른 종으로 착각하기 쉽다.

이 밖에도 원앙과 청둥오리도 암컷에 비해 수컷이 훨씬 화려하고 아름다운 깃털을 가지고 있어서 암수 구별이 매우 쉽다. 시골에서 흔하게 볼 수 있는 수탉도 암탉에 비해 화려하고 멋진 볏을 가지고 있다.

가정을 지키기 위해 공격적인 수컷

수컷은 암컷을 차지하기 위해 경쟁을 해야 한다. 그 때문에 암컷에 비해 힘도 센 편이고, 암컷에게는 없는 튼튼한 무기를 가지고 있기도 하다. 울음소리도 암컷에 비해 수컷이 우렁차다.

앞에서도 잠깐 말했지만, 사자의 우렁찬 울음소리, 즉 사자후는 다른 동물들의 접근을 막고 영역을 지키는 역할을 한다. 말하자면 사자후는 '여긴 내 집이고 우리 가족이 있으니까 얼씬조차 하지 마!'라는 뜻이다.

사실 먹이 사냥은 암사자가 주로 하고 수사자는 아무것도 안 하는 것처럼 보인다. 그러나 다른 맹수들이 공격해 올 때에는 수사자가 싸움에 참여해 가족을 지켜 낸다.

시골에서는 새벽에 닭 울음소리를 들을 수 있다. 새벽에 우렁차게 우는 닭은 대부분 수컷인데, 다른 수탉에게 자신의 영역을 알리고 암탉에게 자신이 있음을 알려 주기 위해서 운다. 보통 야생 닭의 경우 수탉 한 마리가 암탉 3~5마리를 거느리는데, 다른 수탉이 자신의 암탉에게 얼쩡거리기만 해도 수탉은 두말 없이 공격을 해서 쫓아내기도 한다.

작은 곤충도 역시 수컷이 암컷보다 싸움을 잘 하는 경우가 많다. 사슴벌레는 이름처럼 사슴의 뿔과 비슷하게 생긴 날카로운 뿔 2개를 머리에 이고 있다. 이 뿔은 실제로 집게로 사용한다. 그런데 엄밀히 말하면 이것은 뿔이 아니라 큰 턱이다. 사슴벌레의 수컷은 암컷보다 이 턱이 더 크다. 암컷은 이 턱을 주로 알을 낳기 위해 나무에 구멍을 팔 때만 사용하기 때문에 수컷에 비해 턱이 덜 발달된 거라고 한다. 수컷은 이 큰 턱을 무기 삼아 나뭇진이 많은 나무를 차지하고, 또 암컷과 짝짓기를 하기 위해 경쟁자와 격렬하게 싸우기도 한다.

암컷과 수컷이 한 몸에!

▶ 청소놀래미
수컷 한 마리가 암컷 여러 마리를 거느리고 산다. 그런데 수컷이 죽으면 암컷 중 가장 힘센 한 마리가 수컷으로 변신을 한다.

▶ 흰동가리
덩치 큰 암컷 한 마리가 수컷 여러 마리를 거느리고 산다. 암컷이 죽으면 가장 크고 지위가 높은 녀석이 암컷이 된다. 청소놀래미와 흰동가리처럼 암수를 바꾸는 물고기는 무려 4백여 종이나 된다.

▶ 달팽이와 지렁이
암컷과 수컷의 생식 기관을 한 몸에 모두 가지고 있다.

사자후에 놀라 도망가는 코끼리 떼

구애

사랑을 얻기 위해 노래부르는 개구리

동물의 생애에서 가장 중요한 일은 종족의 번식이다. 특히 수컷은 튼튼하고 우수한 새끼를 낳기 위해 자신의 몸을 아끼지 않는다. 사마귀는 단 한 번 짝짓기를 하고, 암컷에게 잡아먹히기까지 하지만 이런 희생을 두려워하지 않고 암컷에게 구애를 한다.
사람의 눈으로 보면 가끔 무모하기까지 한 동물들의 구애를 살펴보자.

굶어 죽어도 사랑의 세레나데를 부른다

초여름의 길목, 물이 고인 논을 찾은 총각 개구리 개굴남 씨의 표정은 몹시 긴장되었다. 오늘은 왠지 예쁘고 착한 개굴녀를 만날 수 있을 것 같다. 나를 찾아올 그녀를 위해 목청을 가다듬고 노래 부르기 시작한다. 노래 제목은 항상 '개굴개굴'이지만 지금까지 갈고닦은 실력이라면 다른 수컷보다 훨씬 잘할 자신이 있다.

초여름이면 개구리들은 개굴남처럼 떼를 지어 턱 밑에 있는 울음주머니를 이용해 목청껏 울어 댄다. "나를 사랑해 줘~, 나 여기 있어요. 나를 찾아 주세요." 애원 아닌 애원을 하는 것이다.

그렇다면 개굴남 씨의 사랑은 과연 성공할 수 있을까? 개굴남 씨가 다른 수컷 개구리보다 목청이 크다면 일단 성공을 기대할 만하다. 여기에 소리가 힘 있고 고음이라면 암컷의 마음을 사로잡을 확률이 조금 더 커진다. 개구리의 울음소리는 수컷끼리 경쟁이 붙었을 때 공격 무기가 되며, 때로는 다른 수컷이 자신의 둥에 올라타면 울음소리고 상대를 쫓기도 한다.

그런데 개구리가 목청을 높여 우는 것은 결코 쉬운

일이 아니다. 덩치 큰 개구리는 도로에서 차가 지나다니는 정도의 큰 소리를 낸다고 한다(약 80데시벨). 게다가 그 횟수는 하룻밤 사이에 수천 번이 넘는다. 때문에 엄청난 에너지가 필요하다.

그래도 짝짓기를 원하는 개구리는 행여 사랑을 빼앗길까 봐 허기진 배를 움켜쥐고 먹지도 못한 채 밤새도록 '사랑의 노래'를 부른다. 어쩌면 녀석들 가운데 굶어 죽는 놈이 있을지도 모른다. 실제로 미국의 한 동물학자가 우는 개구리에게 메뚜기 한 마리를 먹여 주었더니 더 오랫동안 노래를 불렀다고 한다.

그럼에도 불구하고 수컷 개구리가 마음에 드는 암컷 개구리를 만나는 것은 쉽지 않다. 만약 자신이 맘에 둔 암컷 개구리와의 짝짓기에 성공하지 못한다면 목숨을 걸고 또 노래를 불러야 한다. 어찌 보면 녀석들에게 노래는 사랑의 속삭임이 아니라 치열한 싸움인 것 같다.

킁킁! 나의 페로몬을 한 방에 뿌려줬어

사랑을 얻기 위해 '유혹의 향수'를 뿌리는 동물들도 있다. 포유동물의 암컷 대부분은 수컷이 냄새를 맡으면 곧바로 흥분하는 특유의 냄새를 이용해 짝을 유인한다. 유혹의 향수란 페로몬이라는 물질로, 곤충뿐만 아니라 여러 동물이 이 페로몬을 분비한다.

페로몬은 본래 위험을 경고하거나 길을 표시하는 등 주로 의사소통의 중요한 도구로 쓰이기도 하지만, 사랑을 얻기 위한 유용한 무기가 되기도 한다.

까치살무사는 몸에 페로몬을 방출하는 구멍이 3개나 있다. 특히 까치살무사의 페로몬은 아주 강력해서 종종 여러 마리가 함께 짝짓기를 하는 모습이 발견되기도 한다.

악어는 독특하게 항문 주위에 페로몬 구멍이 있다. 페로몬은 암컷이 짝짓기를 하고 싶은 충동이 일어나고 임신이 가능한 시기, 즉 발정기 때에만 나온다.

동물의 대부분은 발정기 때 평소보다 냄새에 아주 민감해진다. 이를테면 암퇘지는 수퇘지의 오줌과 침 냄새, 그리고 호흡할 때 내쉬는 숨 냄새에도 아주 예민한 반응을 보인다. 이것은 이러한 냄새에 수컷의 성호르몬이 섞여 있기 때문이다.

그래서 수퇘지는 자신의 몸에 침을 잔뜩 발라 놓아 암퇘지가 자신을 찾게 한다. 그리고 짝짓기를 하면서 자신의 땀과 오줌을 섞어 암퇘지의 몸에 바른다. 자신과 짝짓기를 한 암퇘지가 다른 수퇘지와 짝을 지을 수 없게 표시해 두기 위해서다.

여기야 여기~! 멋진 나를 보란 말이야

　노래도 못 부르고 페로몬 분비도 못하는 동물들은 또 어떤 방법으로 구애를 할까? 가장 쉬운 방법은 '보여 주기'이다. 화려하고 아름다운 몸을 한껏 뽐내서 상대를 유혹하는 것이다.

　공작 수컷은 암컷 앞에서 아름다운 깃털을 펼쳐서 시선을 사로잡는다. 이때 수컷의 꽁지깃은 사람의 눈동자처럼 생긴 무늬를 하고 화려한 무지갯빛으로 빛이 난다.

　수컷의 꽁지깃이 빛나는 것은 깃털 표면에 멜라닌 봉이라는 것이 있기 때문이다. 멜라닌 봉은 현미경으로 보면 색을 띠지 않지만 빛을 받으면 멜라닌 봉의 배열과 양, 구조에 따라 여러 색깔로 반사되어 화려하게 보인다.

　수컷 공작은 이런 꽁지깃을 잘 보이게 하려고 암컷 주변을 서성대거나 뛰기도 하면서 주위를 빙빙 돈다. 마치 어린아이가 어른에게 재롱을 떨 듯이 말이다. 수컷 공작에 비해 몸집도 작고 꽁지도 짧은 암컷이 수컷의 재롱 아닌 재롱에 넘어가는 것은 시간문제다.

눈빛으로 구애하는 반딧불이

밤에 활동하는 동물들은 스스로 빛을 만들어 짝을 유인한다. 대표적으로 반딧불이는 깜빡이는 불빛을 이용해 짝에게 신호를 보낸다. 반딧불이는 배 끝에 있는 발광기에서 불빛이 나온다. 발광기는 빛을 반사하는 반사층과 빛을 내보내는 발광층으로 나뉘어 신호를 만들어 보내기에 적절하다. 멋지게 불빛을 내보내서 암컷의 눈을 사로잡는 로맨틱한 구애 방법이다.

물론 반딧불이는 알, 애벌레, 번데기였을 때에도 불빛을 낸다. 하지만 이때의 불빛은 사랑 표현이 아니라, 주로 적에게 보내는 경고 신호의 역할이 크다.

각시붕어는 상대를 유인할 때 몸 색깔을 바꾼다. 녀석은 알을 낳을 때가 되면 등 쪽은 황갈색으로, 배와 아가미는 적황색으로 변한다. 그리고 몸 가운데는 엷은 보랏빛을 띤다. 뿐만 아니라, 지느러미의 가장자리에는 희미하지만 분홍색 띠도 나타난다. 참으로 기묘한 '화장술'이 아닌가? 이쯤 되면 안 넘어올 암컷이 어디에 있겠는가? 이 화려한 화장술을 '혼인색'이라고 부른다.

춤으로 사랑을 얻는 댄스 경연 대회!

▶1등 : 날개를 펄럭펄럭! 학춤
머리를 적당히 흔들며 날개를 위아래로 멋지게 펄럭거린다. 수컷이 암컷에게 조르르 달려가 서로 지그시 바라보고 고개를 숙인다. 목은 활처럼 유연하게 휘며 높이 뛰거나 후드득거리는 춤! 우리 조상들조차 학에게서 춤을 배웠을 정도로 학춤은 무형 문화재 40호로 지정되었다.

▶2등 : 궁둥이 실룩실룩! 지그재그 춤
큰가시고기 암컷을 발견한 수컷! 배가 불룩하니 나의 이상형이야 하며 번개처럼 돌진해서 암컷의 시선을 모아 왔다갔다 지그재그 춤을 춘다. 이렇게 암컷을 춤으로 유혹해서 미리 준비해 놓은 신혼방으로 유인한다. 땅을 파고 물풀로 굴처럼 만든 포근한 신혼방으로.

▶3등 : 집게발을 펼쳤다 집었다! 가위춤
그리니치 해안에 사는 녀석! 집게발 가운데에서도 엄청 큰 집게발을 가지고 있다. 수컷은 이 집게발을 이용해 암컷의 마음을 사로잡을 수 있다. 수컷은 갯벌에 물이 빠져나가 무대가 펼쳐지면 큰 집게발을 옆으로 펼쳐다 접었다 하며 암컷을 유혹한다.

암컷과 수컷의 지위
영원한 사랑을 약속하는 기러기

우리나라의 전통 혼례에는 나무로 만든 목기러기가 등장한다. 전통 혼례에서 기러기는 신랑이 기러기처럼 정절을 지키며 신부와 백년해로하며 살겠다는 맹세를 하는 것이다. 그렇다면 정말 기러기는 평생 한 마리의 암컷에게 정절을 지키며 살까?

평생 정절을 지키는 기러기

나도 그래.

나한테는 당신밖에 없어요.

엄마, 나는요?

쳇, 엄마는 아빠밖에 몰라.

부부끼리 위아래가 어디 있어?

　사이좋은 부부를 간혹 원앙같이 부부애가 좋다고 한다. 그런데 이건 뭘 모르고 하시는 말씀. 원앙은 수컷과 암컷이 한평생 정절을 지키며 살지 않는다. 반면 기러기는 한 마리의 수컷과 한 마리의 암컷이 부부로 만나 평생을 산다. 황제펭귄, 긴팔원숭이, 늑대 등도 기러기처럼 한 마리의 수컷과 한 마리의 암컷이 부부가 된 후 서로 변치 않고 정절을 지키며 살아간다. 그런데 이렇게 일부일처로 사는 동물들은 새들 중에는 약 9퍼센트, 포유류 가운데는 약 5퍼센트밖에 되지 않는다.

　수컷 기러기는 마음에 드는 암컷을 만나면 춤을 추어 암컷의 호감을 산다. 암컷이 수컷을 마음에 들어 하면 서로 연인이 된다. 결혼을 전제로 사귀는 약혼식을 치른 셈이다. 연인이 된 기러기 커플은 나란히 데이트를 즐긴다. 보통 약혼 기간은 석 달 가량이고, 봄이면 본격적으로 짝짓기를 하면서 정식 부부가 된다.

　짝짓기를 통해 알을 낳은 후에도 둘의 사랑은 식을 줄 모르며 서로를 더욱더 보살핀다. 만약 예기치 않은 사고로 짝을 잃더라도, 남은 기러기는 새로운 짝을 구하지 않는다. 홀로 지내면서 의리를 지키는 것이다. 기러기는 부부뿐만 아니라 가족과 이웃과도 사이좋게 지낸다. 그래서 먼 거리를 이동할 때도 병약해 무리에서 뒤처지거나 이탈하는 기러기들이 없도록 서로를 챙겨 준다.

암컷 앞에서 수컷들은 꼼짝 못해!

사마귀는 영어로 '기도하는 벌레(praying mantis)'라고 불린다. 낫처럼 생긴 앞다리를 모아 번쩍 치켜든 모습이 마치 기도하는 모습과 비슷해서이다. 사마귀의 이런 자세는 좋은 먹이를 기다리는 자세이자, 먹이가 나타났을 때 단숨에 낚아챌 수 있게 한다. 사마귀는 워낙 식성이 좋아서 개구리처럼 자기보다 훨씬 덩치가 큰 것들에게 덤빌 때도 있다.

그런데 사마귀 세계에서 가장 기가 막힌 일은 짝짓기를 하고 나면 암컷이 수컷을 잡아먹는다는 사실이다. 때로는 짝짓기를 하는 중간에 암컷은 수컷을 머리부터 뜯어 먹기도 한다. 이런 살벌한 일은 움직이는 것들을 모두 먹이로 생각하는 사마귀의 어이없는 판단력 때문에 일어난다. 특히 짝짓기를 할 때는 알을 키우기 위해 필요한 영양분을 충분히 섭취해야 한다는 생각이 가득하기 때문에 먹잇감에 대한 욕심이 클 수밖에 없는 것이다.

오카피도 암컷의 말이라면 꼼짝 못하고 듣는다. 오카피는 아프리카 콩고 지방의 강우량이 많은 정글 지대에 주로 사는데, 몸은 어두운 붉은 갈색을 띠며 얼룩말과 기린을 동시에 닮았다. 오카피는 암컷이 수컷보다 키도 크고 덩치도 좋다. 그래서일까? 오카피의 암컷은 수컷을 마음대로 부려먹고, 수컷은 암컷에게 무조건 순종한다. 수컷은 암컷에게 사랑을 구할 때에도 최선을 다해야 한다. 만약 암컷의 마음에 들지 않게

하면 물어뜯거나 발로 뻥 걷어차일 수도 있기 때문이다. **꿀벌 사회 또한 암컷의 힘이 막강하다.** 꿀벌은 보통 약 6만 마리의 벌들이 하나의 사회를 이루어 생활한다. 한 마리의 여왕벌, 1백여 마리의 수벌, 그리고 나머지는 암컷으로 이루어진 일벌로 구성된다.

여왕벌의 가장 중요한 임무는 알 낳기이다. 여왕벌은 하루에 1천5백 개 정도의 알을 낳는다. 이렇게 막중한 자리에 있는 여왕벌이기 때문에, 주변에는 시중을 드는 일벌들이 있다.

일벌들은 이름 그대로 정말 여러 가지 일을 한다. 새끼들을 돌보고, 집 청소를 하고, 알에서 깬 애벌레에게 로열 젤리를 먹이며, 밀랍으로 집을 짓기도 한다.

일벌은 태어난 지 4주가 되면 꽃가루와 꿀을 찾아 한군데 모으고 정리하는 일부터 시작한다. 그리고 하루도 쉬지 못하고 일만 하다가 1년밖에 살지 못한다. 여왕벌이 4~5년 정도 사는 것과 비교하면 너무 짧은 생이다.

이렇게 꿀벌 세계에서 모든 일을 일벌이 하면 수벌들은 도대체 무엇을 할까? 수벌들은 암벌에 비해 덩치도 크고 나는 힘도 좋다. 이런 수벌이 맡은 막중한 임무는 바로 짝짓기이다. 수벌은 짝짓기를 위해 여왕벌을 따라 비행하면서 에너지를 거의 소진해 버린다. 교미 후에는 에너지와 체력이 거의 바닥나기 때문에 수벌은 곧바로 죽거나, 비행할 힘이 없어 땅에 기어 다니다가 잡아먹힌다. 그리고 교미를 하지 못한 수벌들은 번식기가 지나면 집에서 쫓겨나 죽는다.

수컷에게 굽실거리는 암컷

물개 사회에서 수컷 지도자의 힘은 막강하다. 그만큼 지도자의 자리에 오르는 일은 그리 만만치 않다. 우선 전년도 왕자와 대결을 해야 한다. 이 대결에서 패한 전년도 왕자는 창피해서 얼굴도 들지 못한 채 바다 속으로 사라져 버린다. 하지만 전년도 왕자를 이긴 것으로 끝나지 않는다. 왕좌를 노리는 다른 수컷들과 적어도 10~15회 정도의 결투를 더 벌여 최후 승자가 되어야 한다.

이렇게 고생 끝에 왕좌에 앉으면 무리를 이끄는 막강한 힘과 더불어 수많

은 암컷의 사랑과 관심을 한 몸에 받는다. 수컷 물개 한 마리가 거느리는 암컷의 수는 적게는 25마리에서 많게는 60여 마리나 된다.

왕자는 짝짓기에 대한 책임감이 투철하기 때문에 무인도로 암컷들을 불러 새끼를 낳게 한다. 무인도 주변에 장애물이나 혹시 물개 포획선이 목숨을 노리고 있는 건 아닌지 경계를 늦추지 않는 것도 왕자의 몫이다. 왕자 물개라고 해서 폼만 잡고 있는 건 아니다. '까악까악' 소리를 질러서 무리를 모으고, 물고기 사냥을 진두지휘해야 한다.

털북숭이 거인이라는 뜻을 가진 고릴라도 수컷 한 마리가 암컷 여러 마리를 거느린다. 고릴라 사회에서 지도자는 보통 5~7세 어린아이와 같은 지능을 가졌다고 한다. 무리는 지도자의 지휘에 따라 움직이며, 지도자는 아버지로서 식구들을 돌본다. 과일을 찾아 먹여 주기도 하고, 나무 침대를 만들도록 지시하고, 암컷과 새끼들을 재우기도 한다. 뿐만 아니라, 어린 고릴라들을 엄격하게 가르친다. 잠자리를 만드는 방법, 적이 공격해 올 때 숨거나 공격하는 법, 장애물을 피하는 법 등 생활에 필요한 지혜를 꼼꼼하게 가르쳐 준다.

침팬지도 수컷 지도자 한두 마리가 20여 마리의 암컷과 새끼들 무리를 이끌며 생활한다.

아빠가 최고야!

수컷 고릴라

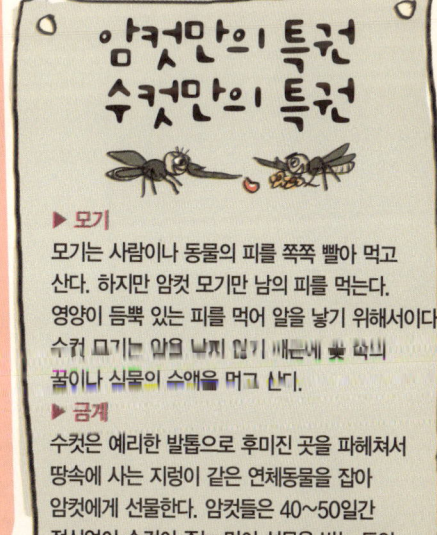

암컷만의 특권
수컷만의 특권

▶ 모기
모기는 사람이나 동물의 피를 쪽쪽 빨아 먹고 산다. 하지만 암컷 모기만 남의 피를 먹는다. 영양이 듬뿍 있는 피를 먹어 알을 낳기 위해서이다. 수컷 모기는 알을 낳지 않기 때문에 꽃 속의 꿀이나 식물의 수액을 먹고 산다.

▶ 금계
수컷은 예리한 발톱으로 후미진 곳을 파헤쳐서 땅속에 사는 지렁이 같은 연체동물을 잡아 암컷에게 선물한다. 암컷들은 40~50일간 정신없이 수컷이 주는 먹이 선물을 받는 동안 살이 통통하게 찌며 수컷의 구애를 허락한다.

새끼 돌보기 24시간 앉으나 서나 자식 생각뿐인 캥거루

가시고기 수컷은, 새끼가 부화할 때까지 알을 지키며 끊임없이 알에 부채질을 한다. 이는 부화에 적절한 온도를 유지시키기 위해서이다. 그리고 둥지 안의 알을 바깥으로 꺼냈다가 다시 넣기를 반복한다. 알에 신선한 공기를 공급해 튼튼한 새끼가 태어나도록 하기 위해서이다. 그리고 새끼가 태어나면, 가시고기는 둥지 앞에서 죽는다. 자신의 몸을 새끼들의 먹이로 희생하는 것이다. 이토록 동물의 자식 사랑은 사람보다 위대해 보일 때도 있다.

똥도 깨끗이 핥아 주는 게 어미의 사랑

'캥거루족'이라는 말이 있다. 성인이 된 뒤에도 부모의 보살핌을 받는 사람을 일컫는 말이다. 그런데 왜 하필 캥거루에 비유했을까? 캥거루의 자식 사랑을 꼼꼼하게 관찰해 보면 그 이유를 어렵지 않게 짐작할 수 있다.

어미의 자식 사랑으로 치자면 캥거루는 절대 1등을 놓치지 않을 것이다. 캥거루는 새끼가 태어나면 자신의 배주머니(또는 아기주머니라고도 한다)에서 6개월에서 1년 동안 키운다. 잠시도 내려놓지 않고 24시간 동안 품에 끌어안고 있는 것이다.

물론 이렇게 할 수밖에 없는 이유가 있다. 사실 새끼 캥거루는 사람의 새끼손가락 한 마디 정도의 크기로 태어난다. 무게는 약 1그램 정도로 작고 아주 연약하며, 어미 캥거루의 5만~6만분의 1 크기이다.

어미는 새끼가 자궁 바깥으로 나오면, 자궁에서부터 배주머니까지 혀로 핥아 침 자국을 남겨 놓는다. 새끼 캥거루는 이 냄새를 따라 배주머니 속으로 들어간다. 이곳은 늘 적정한 온도가 유지된다. 놀랍게도 새끼가 자란 어미의 자궁 속 온도다.

실제로 사람들은 캥거루의 이 배주머니에서 힌트를 얻어 '인큐베이터'라는 것을 만들어 냈다고 한다. 그 덕분에 인간들은 이전에는 죽을 수밖에 없던 많은 미숙아를 살려 낼 수 있게 되었다.

그래도 배주머니에는 인큐베이터에 없는 것이 있다. 배주머니에는 목마르고 배고플 때 언제나 찾

45세
75세 어머니
캥거루족

아 먹을 수 있는 어미젖이 있다. 또 용변을 보아도 찜찜해 하지 않아도 된다. 어미가 알아서 배주머니 속으로 머리를 넣어 깨끗이 핥아 주기 때문이다.

이런 과정을 6개월 정도 거치면 새끼 캥거루는 주머니 세상 밖으로 나갈 수 있다. 어미의 허락이 떨어지면 하루에 두세 번 정도 밖에 나갈 수 있다. 그리고 그 후 8개월 정도 지나서야 하루의 대부분을 어미의 배 밖에서 시간을 보낼 수 있다. 그러나 새끼 캥거루는 이때부터 4개월이 더 지나야 젖을 뗀다.

아빠의 사랑이 얼마나 큰지 보여 주겠어

알을 품고 자식을 기르는 것은 보통 어미가 하는 일이다. 하지만 가시고기처럼 아빠의 사랑이 극진한 동물도 더러 있다. 앞서 이야기했듯이, 가시고기는 온몸을 바쳐 새끼를 사랑한다. 황제펭귄의 헌신도 가시고기 못지않다. 황제펭귄의 암컷은 11월쯤에 2개의 알을 낳는데, 그 자리에서 수컷에게 알을 맡기고 바다로 유유히 떠난다.

암컷이 떠난 빈 자리엔 수컷 펭귄이 알을 돌보는 일을 대신한다. 그냥 지키고 서 있는 것이 아니다. 영하 40도나 되는 남극의 차가운 얼음이 알에 닿지 않게 자신의 발 위에 알을 얹고 배의 피부 주름으로 따뜻하게 품는다. 그러고는 행여나 알이 깨질까 봐 안절부절못하며, 한숨도 자지

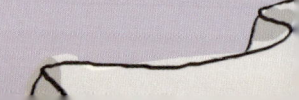

않고 새끼가 태어나기를 기다린다.

　새끼가 태어날 때까지 제대로 움직일 수 없으니 제대로 먹지도 못한다. 행여 찬바람이 들어올까 봐 숨도 크게 쉬지 않는다. 그 결과 한 달이 훌쩍 지나 알이 깨어날 때쯤이면 수컷 펭귄은 거의 가죽만 남을 정도로 살이 쏙 빠진다. 이때의 몸무게는 알을 품기 전 몸무게의 약 3분의 1 정도밖에 되지 않는다고 한다.

　이렇게 메마른 수컷과는 달리 새끼가 태어날 때쯤 가출했다 돌아온 암컷 펭귄은 배가 뚱뚱하다. 뱃속에 새끼에게 먹일 먹이를 잔뜩 넣어 가지고 왔기 때문이다. **암컷은 뱃속에서 반쯤 소화시킨 먹이를 게워 내 새끼 펭귄에게 먹인다.** 이렇게 엄마가 반쯤 소화시킨 먹이는 새끼가 먹기에 아주 좋다.

　그런데 암컷이 돌아왔다고 수컷의 고된 임무가 끝난 것은 아니다. 새끼들의 걸음마 지도와 먹이 사냥법 등을 자상하게 가르치는 것도 수컷의 몫이기 때문이다.

　딱딱한 갑옷 같은 껍질로 무장을 하고 대롱처럼 길쭉한 입을 자랑하는 해마는 물고기이다. 메

거의 가죽만 남은 수컷

반쯤 소화된 먹이

가출했다 돌아온 암컷

먹이가 잔뜩 든 배

마도 황제펭귄처럼 암컷이 알을 낳으면 수컷이 알을 키운다. 수컷 해마의 몸에는 육아낭이 있다. 육아낭에 알을 담아 품고 있다가 새끼들이 알에서 깨어나면 밖으로 내보내는 것이다. 새끼 해마가 태어나면 과연 수컷에게 엄마라고 할까, 아빠라고 할까? 해마밖에 모를 일이다.

해마처럼 수컷 혼자 새끼를 돌보는 것은 큰가시고기, 문어, 물자라 등이 있다. 암컷은 알만 낳고, 수컷이 적의 공격으로부터 알을 지키며 깨어날 때까지 보살피는 것이다.

얘들아, 알아서 잘 클 수 있지?

뻐꾸기는 다른 새의 둥지에 알을 낳는 것으로 유명하다. 그것도 다른 새가 눈치 채지 못하게 일을 깨끗이 처리한다. 다른 새가 둥지를 비울 때, 원래 있던 알을 물거나 떨어뜨려서 없애 버린다. 그러고는 얼른 그 자리에 자신의 알을 낳는다. 이렇게 태어난 새끼들은 원래 있던 새끼들과 사이좋게 지내면서 자란다.

그러나 알을 낳는 동물들 중 새끼를 보호하지

않는 것도 많다. 거북은 알을 낳는 것으로 부모의 임무를 끝낸다. 거북은 모래사장에 알을 낳고 못 본 척 떠나 버린다.

시간이 흘러 엄마 없이 깨어난 수많은 거북 새끼는 모래사장을 지나 바다로 들어간다. 물론 그때까지 다른 동물들의 먹이가 되지 않고 운 좋게 살아남았을 때 가능한 일이다. 거북의 알은 부모조차도 지켜 주지 않기 때문에 새나 다른 동물들이 입맛 다시는 먹잇감이 된다.

사람과 닮은 동물의 육아법

▶ **젖을 먹이는 소**
소나 고양이, 강아지 심지어 물속에 사는 고래 등 포유류에 속한 동물들은 새끼를 낳아 젖으로 키운다.

◀ **새끼가 어릴 때 등에 업고 다니는 코알라**
코알라는 태어나자마자 어미 코알라 등에서 한시도 떨어지지 않는다. "우리 아가, 뭐 먹을까? 어디 갈까? 똥 눌 때 되지 않았니?" 어미 코알라는 새끼 코알라가 어른이 될 때까지 모든 걸 해 준다.

▶ **위험으로부터 새끼를 보호해 주는 기린**
동물 중에서 가장 키가 큰 기린. 보통 키가 5미터인 기린은 1.8미터쯤 되는 새끼를 낳는다. 이렇게 큰 새끼이지만 어미의 눈에는 작고 어리게 보이는 모양이다. 어미는 새끼를 낳는 동시에 안전한 곳으로 데려 가서 적으로부터 보호하고 먹이를 먹는 법, 뛰는 방법 등 생활에 필요한 지혜를 가르쳐 준다.

나비 역시 알을 낳고는 훌쩍 떠난다. 그러나 버림받은 알은 애벌레로 자라고, 나뭇잎을 갉아 먹으며 자라서 아름다운 날개를 갖게 된다. 이처럼 엄마나 아빠의 도움을 받지 못하고 혼자 자라는 동물들 대부분은 하등 동물이다. 이들은 온전히 성장할 때까지 어려운 고비가 많기 때문에 알을 많이 낳는 편이다.

버려진 거북 알

집짓기 이름난 건축가 비버

동물들에게 가장 필요한 것이 먹을 것이라면, 그 다음 꼭 필요한 것은 단연코 아늑한 집이다. 집은 쉼터인 동시에 천적으로부터 자신을 보호하는 역할을 한다. 그런데 일본의 한 참새 무리는 꼭 자신의 천적인 솔개의 집 아래에 집을 짓는다고 한다. 솔개의 눈에만 띄지 않으면 웬만한 다른 새의 공격을 받을 일이 없기 때문이다. 이렇게 동물들에게 집은 또 다른 생존 방법이다.

적의 침입에 대비한 집짓기

비버는 언뜻 보면 땅다람쥐와 흡사하게 생겼다. 비버는 '주택 시공 기술'이 탁월하기로 소문나 있어서 건축 회사 광고의 모델이 되기도 했다. 비버의 집 짓는 기술이 사람들에게도 귀감이 되는 것은 악조건에도 훌륭한 집을 짓는 지혜 때문이다.

비버는 물가를 좋아한다. 그래서 집도 물가에 짓는다. 그런데 기껏해야 부러진 나뭇조각이 집 짓기 재료의 전부일 테고, 자칫하면 물살에 떠내려가기 십상인데 왜, 어떻게 물가에 집을 짓는 걸까?

우선 비버는 물길을 막아 댐을 만든다. 비버에 따라 그 정도가 다르지만 보통 이 댐의 깊이는 20~30미터이며, 7백 미터에 이르는 것도 있다고 한다. 댐을 만든 비버는 굵고 가는 나뭇가지를 골고루 이용해 뼈대를 쌓고, 진흙을 발라 물 위의 집을 완성한다. 비버의 집은 수면 위로 약 1미터 이상 올라온다. 이때 출구는 반드시 물속으로 낸다. 다른 짐승들의 습격을 예방하고, 공격시 물속으로 재빨리

집을 최고로 꾸미는 살림꾼들

▶ **청결을 최고로 생각하는 찌르레기**
찌르레기나 푸른박새는 둥지를 만들면서 함께 소독을 하는 센스를 발휘한다. 몸에 좋지 않은 박테리아나 벌레를 쫓아내는 성분이 들어 있는 서양가시풀이나 땅이끼를 넣는 것이다. 이렇게 하면 둥지가 깨끗하게 소독된다.

▶ **안락함을 추구하는 족제비**
족제비는 나무의 빈 구멍을 보금자리로 삼는다. 그리고 이미 먹어 치운 동물의 가죽으로 집을 따뜻하게 만든다. 마른 풀을 가져다가 폭신폭신하게 깐다. 그리고 버리는 것도 살펴보고 재활용하는 알뜰파이기도 하다.

도망치기 위해서이다.

　새 또한 비버처럼 다른 짐승들의 접근이 어려운 곳에 집을 짓는다. 우리와 가까운 곳에 사는 까치를 보자. 까치는 보통 지상에서 12~13미터 정도의 높이에 집을 짓는다. 사람들도 가까이 다가가기 힘든 높이이다.

　물론 무조건 집을 높이 짓는다고 최고로 안전한 것은 아니다. 까치는 집을 지을 때, 매우 까다로운 기준에 따른다. 첫째, 강한 바람에도 잘 이겨 내는 나무를 집터로 삼는다. 아카시아·포플러·미루나무 등이 까치가 좋아하는 집터다. 둘째, 튼튼한 재료를 사용한다. 참나무·개나무·소나무 가지 등을 주로 이용한다. 이때 집, 그러니까 둥지 하나를 완성하려면 나뭇가지 8백여 개가 필요하다고 한다. 적어도 8백 번 이상을 땅과 나무 꼭대기를 오르내린다는 말이니, 노력이 대단하다.

남의 집을 빼앗는 여우

　그렇다면 야생의 동물들은 모두 자기가 살 집을 스스로 짓고 살까? 꼭 그

렇지만은 않다. **집을 짓는 수고를 하지 않고 남의 집을 빼앗는 녀석들도 있다.** 이런 도둑놈 심보를 지닌 대표적인 동물이 바로 여우다. 정말 여우 같은 짓이 아닐 수 없다.

여우는 특히 오소리의 집을 좋아한다. 오소리는 나무가 많은 언덕 주변에 약 1.5미터 깊이의 굴을 판다. 단순히 땅을 파는 것이 아니라 굴속에 방을 만들고, 또 그 방에 굴을 파서 방을 만들고 하면서 꽤 복잡한 구조로 집을 만든다.

그리고 오소리는 방이 완성되면 깨끗하고 건조한 풀을 깔아 포근한 침실을 만든다. 오소리가 얼마나 깔끔한지 집 안팎이 매우 청결하다. 오소리는 이런 집을 자식들에게 물려주는 것을 자랑스럽게 여긴다.

그런데 여우는 오소리의 집을 발견하면, 오소리가 집을 비우기를 기다렸다가 재빨리 굴속으로 들어간다. 그리고 오소리가 정리해 놓은 깨끗한 방에 똥오줌을 눈다. 대체 이게 무슨 짓이란 말인가? 깔끔한 오소리가 놀라 기절할 일이다. 실제 여우는 오소리가 그렇게 해 주길 바란다.

유난히 깨끗한 것을 좋아하는 오소리는 절대 더러운 집에 살지 않는다.

그런데 오소리는 집을 깨끗이 치우기보다는 집을 포기하는 쪽을 택한다. 그렇게 오소리가 집을 버리면 그 집을 차지한다는 것이 여우의 전략이다.

새들 중에도 이런 놈들이 있다. 바로 원앙이다. 원앙은 특히 딱따구리가 힘들여 파 놓은 나무 구멍을 빼앗는 얌체다. 원앙은 부리가 약해서 딱따구리처럼 나무 구멍을 만들 수 없기 때문이다.

여우와 원앙 같은 얌체족은 의외로 많다. 파랑새도 까치집을 빌려 쓰는데, 간혹 까치가 있어도 내쫓는다. 또 새호라기도 까마귀 둥지를 이용한다.

자연을 집 삼아 살아요

집을 만들지 않고 이곳저곳 떠돌아다니는 동물들도 있다. 표범, 기린, 코끼리, 캥거루 등이 그렇다. 이러한 동물들은 안전하고 먹이가 많은 곳을 찾아다니면서 적당한 곳에서 잠도 자고 쉬기도 한다.

고슴도치도 정해진 집이 없다. 고슴도치 주변에는 적들의 위협이 항상 도사리고 있지만, 고슴도치는 땅을 파지 못하기 때문에 집을 만들지 못한다. 그래서 2~3일에 한 번씩 옮겨 다니며, 주로 쓰러진 나무 밑을 둥지 삼아 지낸다.

족제비 역시 나무의 빈 구멍을 찾아서 휴식을 취한다. 가끔은 생쥐나 두더지의 집도 슬쩍 빌

려 쓰기도 한다. 박쥐는 동굴뿐만 아니라 오래된 나무의 구멍 속, 바위 틈새 혹은 시골집 처마 밑에서도 산다.

 나무늘보는 하루에 20시간 이상을 나뭇가지에 거꾸로 매달려 조금도 움직이지 않고 지낸다. 이렇게 오랫동안 나무에 매달릴 수 있는 것은 특별한 모양의 발톱 덕분이다. 기다란 갈고리처럼 생긴 발톱을 나뭇가지에 척하니 걸고 매달리는 것이다.

 나무늘보는 섭씨 30도를 오르내리는 습한 곳에서 살기 때문에 몸이 축 늘어지기도 하지만, 본래 좀 게으른 녀석이다. 그래서 한번 나무에 매달리면 좀처럼 땅에 내려오지 않는다. 입이 닿는 곳에 있는 나뭇잎이나 여러 가지 풀을 먹으며 부족한 수분을 보충하고, 일주일이나 열흘에 한 번 볼일을 본다. 나무늘보의 목은 270도까지 돌릴 수 있기 때문에 거꾸로 매달려서도 주변의 나뭇잎을 쉽게 뜯어 먹을 수 있다. 한마디로 나무늘보에게는 먹고 자고 배설까지 모두 해결할 수 있는 최고의 집이 나무인 것이다.

알쏭달쏭 유쾌발랄 퀴즈! 퀴즈!

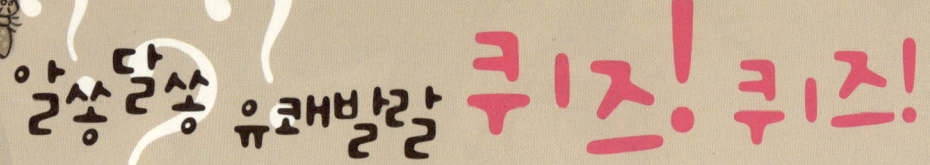

1. 동물의 생김새와 관련된 설명 중 옳지 않은 것은?
① 기린은 다른 동물보다 강한 심장을 가지고 있다.
② 가자미는 2개의 눈이 한쪽으로 쏠려 있다.
③ 토끼의 큰 귀는 더 빨리 달릴 수 있게 한다.
④ 잠망경을 닮은 새우의 눈은 숨어서 먹이를 잡기에 유리하다.

2. '아프리카의 하이에나'라는 별명을 가지고 있는 ▓▓▓는 다른 맹수들이 먹다 남긴 고기 찌꺼기를 먹는다. 녀석들은 무리 지어 다니다가 다른 맹수들의 식사가 끝나면 재빨리 달려들어 고기를 알뜰하게 먹어 치운다.
① 여우 ② 표범 ③ 살쾡이 ④ 코요테

3. 다음 중 옳은 것은?
① 물고기는 눈을 뜨고 잠을 잔다.
② 물에서 생활하는 새들은 반드시 육지에 나와 잠을 잔다.
③ 박쥐는 날개로 몸을 감싸고 선채로 잠을 잔다.
④ 야생의 기린은 밤에는 편히 잘 수 있다.

4. 박쥐는 사람이 들을 수 없는 ▓▓▓를 이용해 물체의 위치를 파악한다. 박쥐의 몸에서 나온 ▓▓▓가 물체를 만나 부딪치면 다시 박쥐에서 돌아간다. 그렇게 되돌아온 ▓▓▓를 통해 박쥐는 물체가 어느 방향에 있는지, 움직이는지, 그 크기는 어느 정도인지를 파악한다.
① 암호 ② 저주파 ③ 초음파 ④ 페로몬

5. 얼룩말에 대한 설명 중 옳지 않은 것은?
① 얼룩말의 줄무늬는 몸집을 커 보이게 하는 역할을 한다.
② 적이 나타나면 얼룩말은 흩어져서 적의 시선을 분산시킨다.
③ 얼룩말은 생존을 위해 똘똘 뭉쳐 산다.
④ 얼룩말은 도망칠 때 발굽으로 먼지를 일으켜 적의 시야를 흐리게 한다.

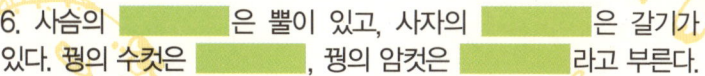

6. 사슴의 ▨▨은 뿔이 있고, 사자의 ▨▨은 갈기가 있다. 꿩의 수컷은 ▨▨, 꿩의 암컷은 ▨▨라고 부른다.
① 암컷, 수컷, 장끼, 까투리
② 수컷, 수컷, 장끼, 까투리
③ 암컷, 암컷, 까투리, 장끼
④ 수컷, 암컷, 까투리, 장끼

7. 다음 중 틀린 것은?
① 개구리 수컷은 암컷과 짝짓기를 하기 위해 노래를 부른다.
② 평소 지저분한 암퇘지도 짝짓기 기간에는 몸을 깨끗하게 한다.
③ 공작 수컷은 아름다운 깃털을 펼쳐서 암컷을 유혹한다.
④ 반딧불이는 발광기에서 불빛 신호를 내보내 구애를 한다.

8. 꿀벌에 대한 설명 중 옳은 것은?
① 여왕벌의 가장 중요한 임무는 새끼들을 돌보는 것이다.
② 수벌은 알에서 깬 애벌레에게 로열 젤리를 먹이는 일을 한다.
③ 짝짓기에 실패한 수벌들은 번식기가 지나면 집에서 쫓겨난다.
④ 꿀벌 사회에서는 수컷이 힘이 막강하다.

9. 황제펭귄의 경우, 알을 돌보는 것은 ▨▨이 맡는다. ▨▨은 자신의 발 위에 알을 얹고 배의 피부 주름으로 따뜻하게 품는다. 새끼가 태어날 때쯤에는 새끼를 먹일 먹이를 배에 잔뜩 넣은 채 ▨▨이 돌아온다. 새끼들에게 걸음마 지도와 먹이 사냥법 등을 가르치는 것은 ▨▨의 몫이다.
① 수컷, 수컷, 암컷, 수컷
② 암컷, 암컷, 수컷, 수컷
③ 수컷, 수컷, 암컷, 암컷
④ 암컷, 암컷, 수컷, 암컷

10. ▨▨는 하루에 20시간 이상을 나뭇가지에 거꾸로 매달려 지낸다. 이렇게 오랫동안 나무에 매달릴 수 있는 것은 특별한 모양의 발톱 덕분이다. 기다란 갈고리처럼 생긴 발톱을 나뭇가지에 걸고 매달리는 것이다.
① 박쥐   ② 고슴도치   ③ 나무늘보   ④ 비버

정답 1③ 2④ 3① 4③ 5② 6② 7② 8③ 9① 10③

방어 전략

적의 공격에 먹물을 내뿜는 오징어

눈에서 피를 뿜어내는 동물이 있다면 어떨까?
그 어떤 천적이라도 섬뜩해서 물러나고 말 것이다.
아메리카의 뿔도마뱀은 적의 공격을 받으면
눈에서 피를 뿜는다. 이 피는 최고 1.5미터
이상 날아간다고 한다. 자신을
보호하는 다양하고 색다른
동물들의 방어 전략을 살펴보자.

어? 앞이 안 보여.

물속에서 뿌옇게 퍼지는 문어의 먹물

어? 저건 뭐지?

먹물에 시선을 뺏긴 적

끈기가 있어 잘 퍼지지 않는 오징어 먹물

맞서 싸울 수 없다면 도망가라

동물에게 가장 위험한 순간은 언제일까? 두말할 필요도 없이 목숨을 위협 받을 때일 거다. 더욱이 싸워도 이길 수 없을 때, 최후의 방법은 뭐니 뭐니 해도 도망치는 것일 게다.

오징어는 도망칠 시간을 벌어 줄 놀라운 무기를 가지고 있다. 다름 아닌 먹물이다. 그렇다고 오징어가 내쏘는 먹물이 독성을 지니고 있어서 적에게 해를 끼친다고 생각하면 안 된다. 오징어의 먹물에는 그 어떤 독성도 포함되어 있지 않다.

그렇다면 오징어는 왜 먹물을 쏘는 걸까? 그것은 적의 시선을 다른 곳으로 돌리게 하기 위해서이다. 오징어가 쏘는 먹물은 물에 물감을 탔을 때처럼 한순간에 퍼지지 않는다. 오징어의 먹물은 끈끈한 성질을 가지고 있어서 물속에서도 쉽게 퍼지지 않고 일정한 형태를 유지한 채 가만히 뜬다. 그러면 이것을 본 적은 물속에 뜬 먹물이 먹이인 줄 알고 그쪽을 향해 고개를 돌린다. 바로 이때, 적이 먹물에 시선을 빼앗겼을 때, 오징어는 '후다닥' 하고 쏜살같이 도망친다.

그런데 같은 먹물이라도 문어의 먹물은 오징어의 먹물과 같은 끈기가 없다. 문어의 먹물은 쏘자마자 물속에서 뿌옇게 퍼져 버린다. 그러나 문어는 문어대로 이런 끈기 없는 먹물을 잘 이용한다.

오징이의 먹물이 덩어리를 만들어 먹잇감처럼 위장해서 적의 시선을 사로잡았다면, 문어의

검게 보이는 멜라닌 색소

먹물은 적의 시선을 교란시킨다. 한마디로 물을 뿌옇게 만들어서 적의 시야를 가리는 것이다. 바로 이때를 틈타서 문어가 도망치는 것이다.

오징어와 문어의 최고의 방어 무기인 먹물의 정체는 무엇일까? 이 먹물은 오징어와 문어의 몸속에 있는 특별한 주머니에서 만들어져 보관된다. 그렇기 때문에 오징어와 문어는 먹물을 다 뿜고 난 후에는 몸속에서 먹물이 다시 만들어질 때까지 기다려야 한다.

먹물의 색깔이 까만 것은 주성분이 멜라닌이기 때문이다. 멜라닌은 사람의 몸속에도 있는 성분으로, 피부색·머리카락·점 등을 검게 보이게 하는 색소이다.

상대방을 놀라게 하는 변신술!

만약 동물이 마술을 부리듯 자신의 몸을 마음대로 변화시킬 수 있다면, 적이 공격할 때 보다 효과적으로 위기를 넘길 수 있을 것이다. 완벽하지는

날개를 활짝 펴서 몸이 크게 보이도록 하는 사마귀

적을 위협하는 나방의 무늬

않지만, 실제로 그런 동물이 몇 있다.

맛있는 요리 재료로도 잘 알려진 복어가 그중의 하나다. 복어의 가장 큰 약점은 다른 물고기에 비해 헤엄치는 속도가 느린 것이다. 물고기의 대부분이 물의 흐름을 잘 탈 수 있는 유선형 몸매를 가진 반면, 복어는 몸 전체가 둥글게 생겨서 속도를 내기 쉽지 않다. 그렇기 때문에 만약 적의 공격에 수영 실력으로 맞섰다가는 적에게 쉽게 붙잡힐 수밖에 없다. 복어는 자신의 이런 단점을 몸집을 크게 부풀리는 변신술로 극복한다. 몸을 최대한 크게 만들어서 상대를 위협하는 것이다. 실제로 복어의 부풀려진 몸은 바람을 최대한 불어 넣은 풍선 같아서 살짝만 건드려도 터질 듯이 보인다.

그렇다면 복어는 어떻게 몸을 빠르게 부풀릴 수 있을까? 풍선처럼 바람을 집어넣는 걸까? 복어의 변신 비밀은 배에 있다. 바닷물을 한꺼번에 많이 들이마시는 것이다. 바다 밖이라면 공기를 넣어 불룩하게 만들 수도 있다. 그래서 사람에게 잡혀도 순식간에 공기를 마셔서 몸을 잔뜩 부풀린다.

사마귀도 복어처럼 몸을 크게 만들어서 상대방을 위협한다. 제 몸보다 훨씬 큰 적을 만나면 앞다리를 가지런히 모으고 날개를 활짝 펴서 자신의 몸을 되도록 크게 만들어 보인다.

상대방을 겁줄 수 있는 무기를 몸에 지니고 태어나는 동물들도 있다. 나비와 나방이 그렇다. 나비나 나방의 애벌레는 길쭉하게 생겼다. 게다가 몸에는 눈알 무늬가 있어서 얼핏 보면 뱀처럼 보이기도 한다. 어른이 되면 날개 끝에 검은 점이나 알처럼 생긴 무늬가 나타나는데, 이것은 마치 매나 올빼미의 얼굴처럼 보인다. 그래서 적이 나타나면 순간적으로 날개를 활

짝 펴서 자신의 몸을 크게 보이게 하고, 이 특별한 무늬로 적을 놀라게 한다.

뭉치면 무서울 것이 없다

'뭉치면 살고 흩어지면 죽는다'라는 신조를 가진 동물들도 있다. 즉, 혼자의 힘이 너무 보잘것없어서 저희들끼리 힘을 똘똘 뭉쳐 적에게 맞서는 것이다.

찌르레기의 천적은 매이다. 매는 성질이 사납고 날카로운 부리와 발톱을 가진 육식성 새이다. 몸집도 커서 참매는 몸길이가 48~60센티미터 정도나 된다. 몸길이가 24센티미터 정도 되는 찌르레기의 거의 두 배 크기다. 그러니 찌르레기가 어떻게 혼자서 적을 상대할 수 있겠는가. 그래서 찌르레기는 수십 마리가 떼를 지어 몰려다닌다. 멀리서 보면 뭉쳐 있는 모습이 마치 커다란 한 마리의 짐승처럼 보인다. 한마디로 찌르레기가 눈속임으로 매의 공격을 예방하는 것이다.

찌르레기의 친구 격인 참새 역시 적이 나타나면 협공을 한다. 참새들이 가장 싫어하는 적 가운데 하나는 뱀. 뱀이 둥지를 공격하려 하면 참새들은 합창을

한다. '짹 짹 짹' 하고 일제히 지저귀면서 적이 나타났음을 서로에게 알린다. 그리고 함께 뱀을 위협한다.

나름의 독특한 방어 수단도 없고, 서로 힘을 합쳐 적을 방어할 수도 없다면 어떻게 할까? 바로 이웃, 다른 동물의 힘을 빌린다.

흰동가리돔은 말미잘의 도움을 받는다. 애니메이션 〈니모를 찾아서〉의 주인공이 바로 이 흰동가리돔이다. 흰동가리돔은 적이 나타나면 재빨리 말미잘에게 몸을 숨긴다. 말미잘의 촉수는 독을 지닌 쐐기 세포로 구성되어 있다. 말미잘은 이 촉수를 이용해 물고기를 마비시켜 잡아먹는다.

그렇다면 말미잘에게 몸을 숨긴 흰동가리돔의 생명에는 지장이 없을까? 다행히 흰동가리돔은 말미잘의 쐐기 세포에 안전하다. 흰동가리돔은 어릴 때부터 말미잘의 몸 가운데 독침이 없는 부분을 찾아서 산다. 그래서 말미잘이 흰동가리돔을 자기 몸의 일부로 생각한다고 한다.

흰동가리돔은 평소 말미잘의 미끈한 점액과 말미잘이 쓸모없게 되었다고 버린 쐐기 세포를 자신의 몸에 바른다. 일종의 보호 장비를 착용하는 것이다. 이렇게 사는 사이 흰동가리돔은 자연스럽게 독침에 대한 면역성이 조금씩 길러지는 것이다.

보호색과 의태

주위를 살펴보면 많은 동물이 녹색이나 갈색 종류의 색을 띤다. 이것은 몸이 적의 눈에 쉽게 띄지 않게 하기 위해 주변의 색에 따라 자기 몸 색깔을 맞추었기 때문이다. 가령 초록색 잎에서 생활하는 풀벌레들은 주로 초록색이고, 나무줄기에서 사는 벌레들은 나무의 빛깔과 비슷한 갈색이다. 주변의 색깔이나 무늬와 비슷해서 띠의 눈에 잘 띄지 않는 몸 색깔을 '보호색'이라고 한다.

그리고 자신의 몸을 보호하거나 사냥을 쉽게 하기 위해 주위의 물체나 동물과 매우 비슷한 모양을 하고 있는 것을 '의태'라고 한다.

공격 전략
뾰족뾰족한 가시로 무장한 고슴도치

하마는 몸 자체가 하나의 무기이다. 몸무게가 4톤 정도나 되어 평소에는 다소 둔하지만, 적이 나타나면 육중한 몸을 덜컹거리면서 냅다 달려간다. 그러고는 힘껏 부딪힌다. 이 엄청난 충격에 거뜬하기란 드문 일이다. 고슴도치, 멧돼지, 코뿔소, 상어 등 다양한 동물의 다양한 공격 전략을 살펴보자.

갈고리 모양의 가시

고슴도치에게 최고의 무기가 되는 가시

아프리카 고슴도치

고슴도치의 급소는 유일하게 가시가 없는 배

무용지물

내 몸 자체가 무기야

먼저 몸 자체가 공격이나 방어의 수단이 되는 동물을 살펴보자. 고슴도치는 몸 전체를 무기로 활용하는 대표적인 동물이다. 고슴도치는 온몸에 가시가 돋아 있다. 이 가시들은 털이 변형되어 만들어진 것으로, 무려 1만 개에 이른다고 한다.

고슴도치는 일단 적이라고 판단하면, 몸을 잔뜩 움츠리고 온몸의 가시를 곤두세운다. 고슴도치는 배 부분만 빼고 조그마한 얼굴까지 가시로 촘촘히 덮여 있다. 그야말로 영락없이 움직이는 '밤송이' 같다.

작지만 뾰족하고 나름대로 강한 고슴도치의 가시는 천적과 싸울 때 최고의 무기가 된다. 그리고 높은 곳에서 떨어지거나, 무언가에 부딪힐 때 가시는 충격을 줄여 주는 역할도 한다. 특히 아프리카 고슴도치는 다른 고슴도치보다 훨씬 더 무시무시한 가시를 가지고 있다. 아프리카 고슴도치의 가시 끝은 갈고리 모양으로 생겼다. 그래서 적의 몸에 한번 박히면 잘 빠지지 않는다. 몸을 움직일수록 가시가 점점 더 몸속 깊이 들어간다. 한 번에 수십 개의 화살을 맞았을 때의 통증을 생각하면 될까?

일단 천적의 몸에 꽂힌 가시는 고슴도치의 몸에서 완전히 떨어져 나간다. 가시는 적의 몸에 상처를 내고 깊숙이 박히기 때문에 시간이 지날수록 고통이 심해진다. 심한 고통을 느끼다가 결국에는 죽는 것이다. 실제로 호랑이가 고슴도치의 가시를 우습게 보고 덤볐다가 온몸에 가시들이 깊숙이 박혀 죽었다는 기록도 있다.

몸을 움직일수록 깊이 박히는 가시

멧돼지가 끊어 버린 나무
멧돼지
입 밖으로 나온 송곳니

그렇다면 고슴도치를 사냥하는 일은 불가능할까? 고슴도치에게도 약점은 있다. 유일하게 가시가 없는 배가 고슴도치에겐 급소다. 이런 고슴도치의 약점을 아는 동물은 무턱대고 고슴도치를 공격하지 않는다. 대신 어떻게든 고슴도치의 몸이 뒤집히도록 한다. 아무리 독한 고슴도치라도 적에게 배를 내놓는 순간 무방비 상태가 되는 것이다.

뾰족한 이빨 맛 좀 볼래?

육식 동물의 가장 강력한 사냥 무기이자 식사 도구는 뭐니 뭐니 해도 이빨이다. 특히 날카로운 송곳니 덕분에 한번 덥석 문 먹잇감은 좀처럼 놓치지 않는다.

호랑이의 경우 7미터를 한걸음에 내딛고, 100미터를 5초 만에 뛴다. 이렇게 엄청난 속도로 달리기 때문에 먹잇감을 무는 힘에 가속도가 붙어 날카로운 송곳니가 깊숙이 박힌다. 호랑이는 사냥할 때 목을 공격하기 때문에 호랑이한테 물렸다면 목숨을 잃었다고 봐야 한다. 게다가 호랑이는 200킬로그램에 이르는 황소도 쓰러뜨려 300미터를 단숨에 끌고 갈 수 있을 정도

로 힘도 장사다. 그러니 호랑이를 동물 세계의 차력사라고 해도 무리는 아닐 듯하다.

송곳니가 너무 발달하여 입 밖으로 솟아나온 동물도 있다. 바로 멧돼지이다. 녀석의 송곳니는 웬만한 나뭇가지나 긴 나무뿌리쯤은 단숨에 끊을 수 있다고 한다.

코끼리 또한 멧돼지처럼 이빨이 입 밖으로 드러나 있다. 이것은 앞니가 변해서 된 것으로 '상아'라고 부른다. 상아 또한 멧돼지의 송곳니처럼 나무들도 쉽게 쓰러뜨릴 수 있을 만큼 힘이 강하다.

그러나 송곳니의 지존이라고 하면 상어를 따라올 동물이 없다. 바다의 '포식자'라는 별명을 달고 다니는 상어는 이빨 전체가 송곳니처럼 날카로운 삼각형 모양을 하고 있다. 게다가 상어의 이빨은 두 줄이며, 그 이상이

경우도 있다. 그래서 이빨 개수가 무려 3만 개가 되는 상어도 있다고 한다.

특히 영화 〈죠스〉의 주인공으로도 잘 알려진 백상아리의 이빨은 가장자리가 톱니 모양으로 되어 있다. 사냥 도구이자 식사 도구의 기능을 겸한 성능 좋은 나이프를 입에 가지고 다니는 것이다.

뿔은 왕관이 아닌 멋진 공격 무기

초식 동물에게 뿔만큼 좋은 무기는 없다. 암컷을 유혹하기 위한 아름다운 액세서리인 뿔이 위급할 때는 섬뜩한 공격 무기가 되는 것이다.

뿔을 공격 무기로 제대로 활용하는 동물은 단연 코뿔소다. 코뿔소의 뿔은 얼굴 한가운데에 자리 잡고 있다. 코뿔소의 뿔은 뼈가 아니라 피부가 변한 것으로 일종의 혹이다. 그렇다고 말랑말랑한 혹을 생각해서는 안 된다. 코뿔소의 뿔은 단단하고 힘이 좋아 코뿔소의 가장 큰 자랑거리가 된다.

코뿔소는 화가 나면 무엇보다 뿔을 먼저 앞세운다. 코뿔소는 후각이 잘 발달된 반면 시력이 나쁘다. 그래서 5~6미터 거리에 있는 것은 잘 보지 못한다. 게다가 코뿔소는 성질이 워낙 급해서 눈앞에 뭔가가 얼쩡거리면 상황 파악을 제대로 하기도 전에 뿔을 들이민다. 그러고는 후쉬쉭! 콧소리를 내며 상대방을 노려본 후에 뿔로 받아 버린다.

특히 사람에게는 더욱 공격적이다. 사람 냄새가 난다 싶으면 거침없이 뿔로 공격에 들어간다. 아직 학설에 지나지 않지만, 사람들이 코뿔소의 뿔을 잘라 약재로 사용하면서부터 코뿔소가 사람을 공격했다고 한다. 동료가 잡혀가는 것을 목격한 코뿔소의 학습 효과 때문이라는 것이다.

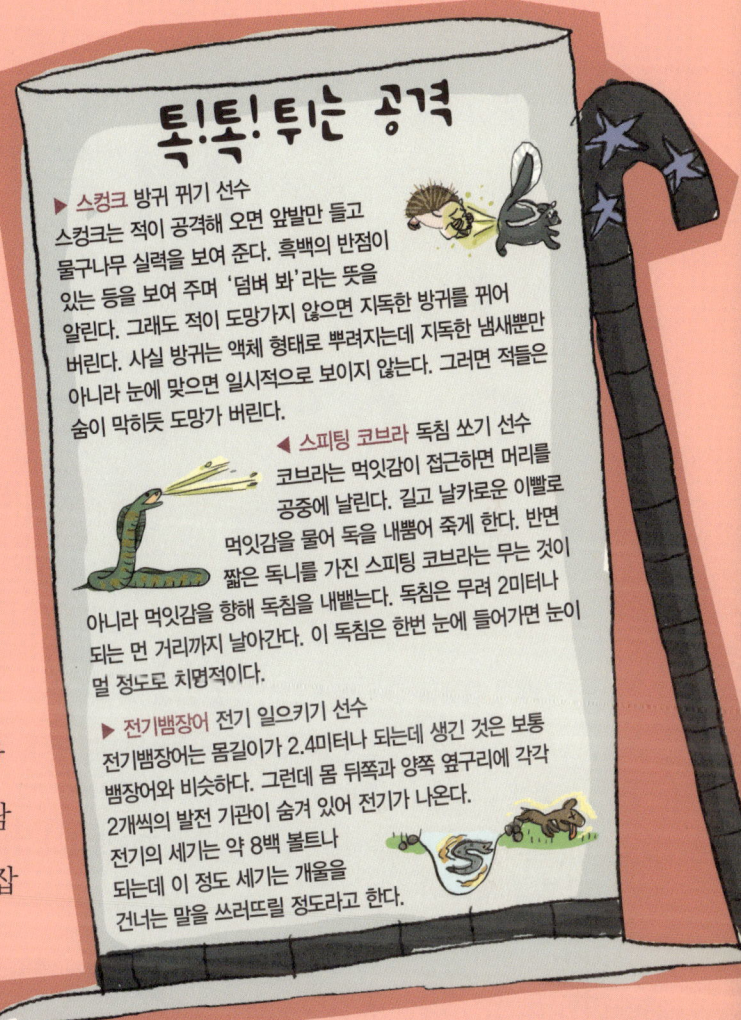

톡! 톡! 튀는 공격

▶ **스컹크** 방귀 뀌기 선수
스컹크는 적이 공격해 오면 앞발만 들고 물구나무 실력을 보여 준다. 흑백의 반점이 있는 등을 보여 주며 '덤벼 봐'라는 뜻을 알린다. 그래도 적이 도망가지 않으면 지독한 방귀를 뀌어 버린다. 사실 방귀는 액체 형태로 뿌려지는데 지독한 냄새뿐만 아니라 눈에 맞으면 일시적으로 보이지 않는다. 그러면 적들은 숨이 막히듯 도망가 버린다.

◀ **스피팅 코브라** 독침 쏘기 선수
코브라는 먹잇감이 접근하면 머리를 공중에 날린다. 길고 날카로운 이빨로 먹잇감을 물어 독을 내뿜어 죽게 한다. 반면 짧은 독니를 가진 스피팅 코브라는 무는 것이 아니라 먹잇감을 향해 독침을 내뱉는다. 독침은 무려 2미터나 되는 먼 거리까지 날아간다. 이 독침은 한번 눈에 들어가면 눈이 멀 정도로 치명적이다.

▶ **전기뱀장어** 전기 일으키기 선수
전기뱀장어는 몸길이가 2.4미터나 되는데 생긴 것은 보통 뱀장어와 비슷하다. 그런데 몸 뒤쪽과 양쪽 옆구리에 각각 2개씩의 발전 기관이 숨겨 있어 전기가 나온다. 전기의 세기는 약 8백 볼트나 되는데 이 정도 세기는 개울을 건너는 말을 쓰러뜨릴 정도라고 한다.

야생 야크, 봉고, 검은꼬리누, 아시아 물소 등도 코뿔소처럼 뿔로 공격하는 동물들이다. 이 가운데 아시아 물소는 먹을 때만 제외하고 거의 물속이나 진흙 속에서 생활하는데, 호랑이의 공격도 뿔로 쫓을 수 있다고 한다.

으아악! 걸음아, 나 살려라.

피부와 털
지하 생활에 알맞은 털을 지닌 두더지

거북은 동물들 중 가장 튼튼하지만, 가장 무거운 옷을 입고 있다. 실제로 거북의 등껍질은 몸무게의 30퍼센트에 이른다. 이 때문에 거북은 네 발 달린 동물 세계에서 가장 느리게 걷는다. 그러나 거북은 이 등껍질을 벗어 버릴 수 없다. 등껍질 속에 미세하게 분포된 혈관이 체온을 조절하는 막중한 일을 하기 때문이다. 거북처럼 특별한 피부를 가진 동물들을 만나 보자.

흙이 묻지 않은 털

보드라운 털이라면 지하 생활도 문제없어

두더지는 주로 땅속에서 생활하기 때문에 체온을 일정하게 유지하는 것이 중요하다. 체온을 유지하기 위해 집중적으로 관리해야 하는 것은 바로 털. 두더지는 '두더지'라는 이름이 주는 투박한 느낌과는 다르게, 윤기가 좌르르 흐르는 까만색 털을 가지고 있다. 이 털은 약 8밀리미터의 짧은 길이에 아주 가는 모양으로 빽빽하게 나 있다. 실제로 만져 보면 고급 벨벳처럼 섬세하고 부드럽다. 그래서 영국에서는 오래전부터 두더지 사냥을 직업으로 삼는 사람들이 있다고 한다. 두더지 털로 모자며 옷을 만들어 사용하기 때문이다.

그런데 언뜻 생각하면 부드러운 털은 거친 땅속에서 터널을 파면서 생활하는 두더지와는 영 어울리지 않아 보인다. 하지만 알고 보면 부드러운 털이야말로 두더지의 지하 생활에 안성맞춤이다.

대부분의 동물들은 털이 몸의 앞쪽에서 뒤쪽을 향해 나 있다. 그래서 마치 털이 몸 앞에서 뒤로 흐르는 것처럼 보인다. 그런데 두더지의 털은 워낙 짧아서 똑바로 서 있다. 덕분에 털을 앞으로 쓸든지, 뒤로 쓸든지 털이 한쪽

두더지 털로 만든 모자

똑바로 서 있는 짧은 털

좁은 땅속을 통과하는 데 유리한 짧은 털

방향으로 쏠리지 않는다. 아주 짧은 머리나 아빠의 턱수염을 손으로 쓴다고 생각해 보면 이해가 쉬울 것이다.

한마디로 두더지는 털이 똑바로 서 있기 때문에 땅속 좁은 터널 안에서도 앞으로 나아가기, 뒤로 물러서기를 자유자재로 할 수 있다. 만약에 털이 길어서 한쪽 방향으로 누워 있으면 털에 뭔가가 걸렸을 때 꼼짝없이 터널 안에 갇힐 것이다.

게다가 두더지의 털에는 흙이 잘 묻지 않는다. 털을 지탱하는 피부의 근육이 몸집에 비해 매우 두꺼워서 피부 전체를 크게 흔들 수 있기 때문이다. 흙이 털이나 피부에 붙어 있을 시간이 없는 것이다.

해충들을 털어 내는 진흙
듬성듬성 난 털
철사처럼 억센 털
두껍지만 부드러운 피부
미끄럼 타자.

섬세하고 연약한 두꺼운 피부

코끼리, 코뿔소, 하마는 다른 동물들에 비해 유난히 피부가 두껍다. 하지만 피부가 두껍기는 해도 탄력은 좋다. 공기가 빵빵하게 들어간 자동차 타이어처럼 말이다.

코끼리의 피부 두께는 무려 5센티미터에 이른다고 한다. 멀리서 보면 잘 보이지 않지만, 자세히 살펴보면 코끼리도 몸에 털이 듬성듬성 나 있다. 그런데 이 털들은 엄청 두꺼운 피부를 뚫고 나온 털에 걸맞게 가느다란 철사처럼 억세고 까슬까슬하다. 그나마 이런 털도 많지 않아 코끼리의 피부는 햇볕에 거의 그대로 노출된다.

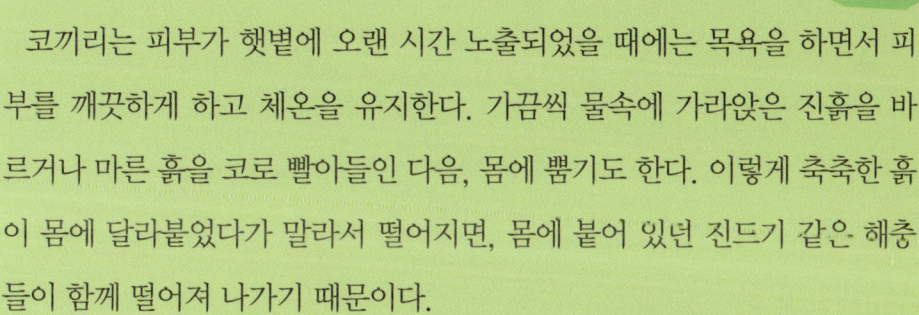

코끼리는 피부가 햇볕에 오랜 시간 노출되었을 때에는 목욕을 하면서 피부를 깨끗하게 하고 체온을 유지한다. 가끔씩 물속에 가라앉은 진흙을 바르거나 마른 흙을 코로 빨아들인 다음, 몸에 뿜기도 한다. 이렇게 축축한 흙이 몸에 달라붙었다가 말라서 떨어지면, 몸에 붙어 있던 진드기 같은 해충들이 함께 떨어져 나가기 때문이다.

코뿔소 역시 튼튼한 갑옷처럼 두꺼운 피부를 자랑한다. 그런데 두께와 어울리지 않게 코뿔소의 피부는 모기에 한번 물리면 빨갛게 부어오르고 몹시 가려워할 만큼 연약하다. 몸집에 비해 꼬리가 짧아 모기나 파리 같은 해충을 쫓지도 못한다. 그래서 목욕을 하거나 진흙을 덮어쓴다.

하마도 피부 두께가 가슴 쪽은 4센티미터, 가장 얇은 배 쪽은 1.5센티미터나 된다. 피부 밑의 피하 지방까지 고려하면 피부 두께는 약 5~9센티미터에 이른다. 하지만 하마의 피부도 더위에 약하고 수분을 많이 빼앗길 뿐더러 상처도 잘 난다. 그래서 하마는 여름에는 물속에서 주로 생활을 하며, 겨울에는 추위에 강하기 때문에 얼음을 깨고 들어가 목욕을 하면서 피부 관리를 한다.

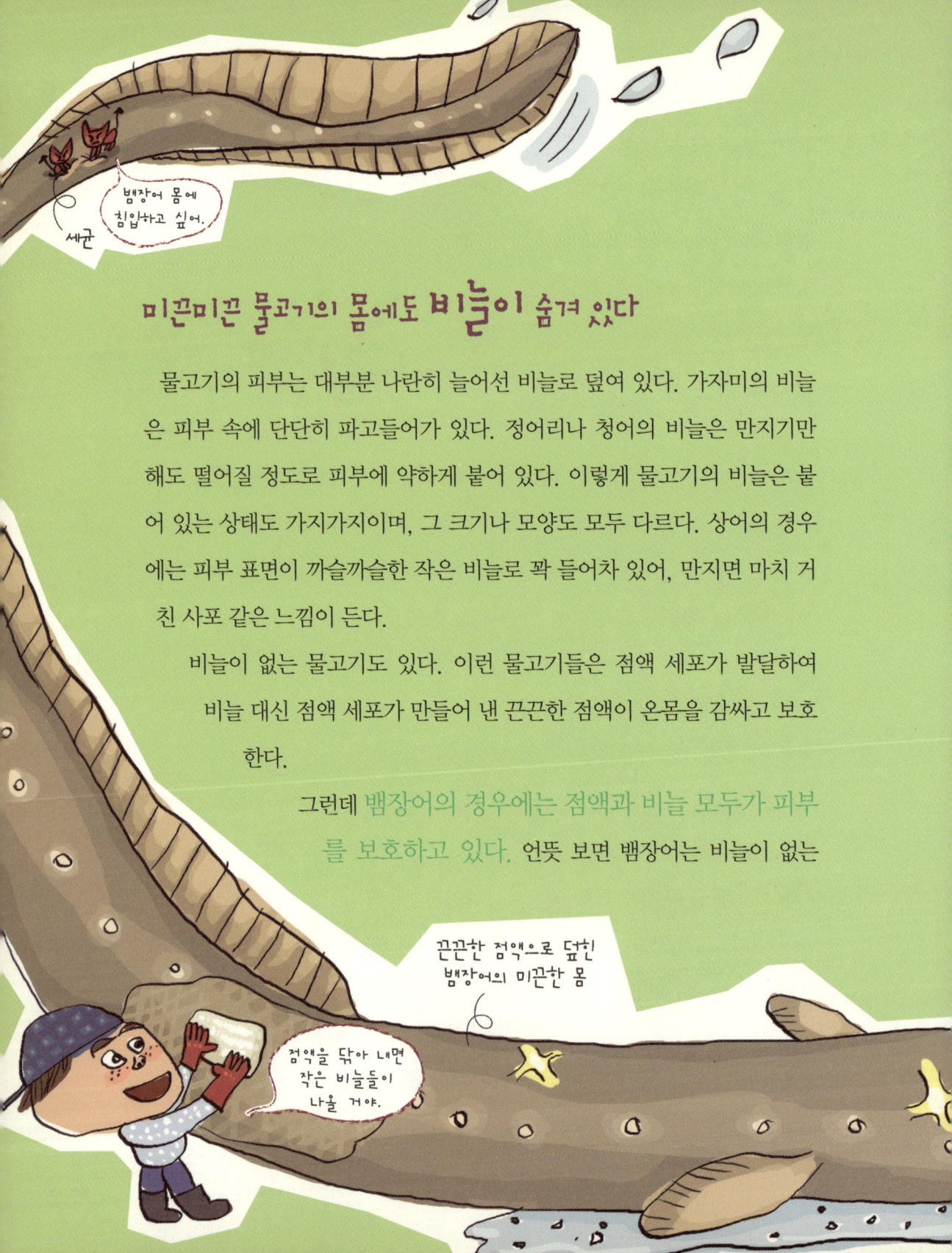

미끈미끈 물고기의 몸에도 비늘이 숨겨 있다

물고기의 피부는 대부분 나란히 늘어선 비늘로 덮여 있다. 가자미의 비늘은 피부 속에 단단히 파고들어가 있다. 정어리나 청어의 비늘은 만지기만 해도 떨어질 정도로 피부에 약하게 붙어 있다. 이렇게 물고기의 비늘은 붙어 있는 상태도 가지가지이며, 그 크기나 모양도 모두 다르다. 상어의 경우에는 피부 표면이 까슬까슬한 작은 비늘로 꽉 들어차 있어, 만지면 마치 거친 사포 같은 느낌이 든다.

비늘이 없는 물고기도 있다. 이런 물고기들은 점액 세포가 발달하여 비늘 대신 점액 세포가 만들어 낸 끈끈한 점액이 온몸을 감싸고 보호한다.

그런데 뱀장어의 경우에는 점액과 비늘 모두가 피부를 보호하고 있다. 언뜻 보면 뱀장어는 비늘이 없는 것처럼 보이지만, 점액 세포 밑에 비늘이 숨겨 있다. 끈끈한 점액을 닦아 내면 나란히 늘어선 작은 비늘을 볼 수 있다.

뱀장어의 점액은 피부로 호흡하는 것을 돕고, 세균의 침입도 막아 준다. 그러나 무엇보다 중요한 역할은 뱀장어가 강과 바다 어디에서든 적응할 수 있게 하는 것이다. 다시 말해, 점액은 체내의 삼투 현상을 조절한다.

뱀장어 몸의 염분은 바닷물의 염분보다 낮다. 이 상태로 바다로 나갔다가는 몸의 수분이 모두 빠져나가 죽을 수 있다. 삼투 현상으로 물은 농도가 낮은 곳에서 농도가 높은 곳으로 이동하기 때문이다. 즉 농도가 낮은 뱀장어 몸의 물이 농도가 높은 바닷물로 이동하는 것이다. 반대로 바다에 살다가 강으로 돌아와 살 때도 마찬가지이다.

다행히 뱀장어는 상황에 따라 아가미와 신장의 작용으로 염분 농도를 알맞게 조절할 수 있다. 그런데 이것도 뱀장어의 점액이 없다면 제 기능을 할 수 없다.

내 피부? 딱딱해!

▶ **곤충** 곤충은 외부의 기온 변화에 민감하다. 북쪽으로 갈수록 크기가 작아지는 것도 체온을 잃지 않기 위해서이다. 그래서 그들이 선택한 것은 바로 딱딱한 껍데기이다. 충격에도 안전하게 몸을 보호하고, 광택이 나는 껍데기로 햇빛을 반사해서 체온도 조절한다.

▶ **가재** 가재는 새우나 게와 같은 무리이다. 진흙 속의 작은 동물·올챙이·물풀 등을 먹으며 논도랑, 개울, 연못 등지에 산다. 가재는 단단한 키틴질이라는 물질로 이루어진 껍데기에 싸여 있는데, 자라면서 껍데기를 벗는 탈피를 한다. 그런데 가재는 탈피를 하기까지 묵은 껍데기 속에 포함된 칼슘을 혈액에 녹여 위 속에 뭉쳐 놓는다. 그리고 새로운 껍데기가 만들어질 때까지 이것을 녹여 쓴다.

점액 덕분에 바다와 강 모두에서 살 수 있어.

더위나기 연료탱크를 등에 진 사막의 나그네 낙타

아프리카의 건조 지대에 사는 오릭스라는 동물은 더위를 견디는 방법이 매우 독특하다. 기온이 섭씨 30도면, 오릭스는 자신의 체온을 35도 정도로 상승시킨다. 그러다 기온이 더 올라 35도면, 자신의 체온을 40도로 올린다고 한다. 이것은 주변의 기온이 높아졌을 때 체온이 올라 땀이 나는 것을 억제하기 위해서라고 한다. 이처럼 사막이나 폭염이 내리쬐는 곳에 사는 동물들의 더위나기는 아주 유별나다.

- 움직이는 연료 탱크
- 햇볕 차단 기능도 하는 혹
- 모래와 먼지를 막는 속눈썹
- 위쪽으로 살짝 올라가 골이 파인 윗입술
- 두툼하고 넓적한 발
- 여행 끝에 없어져 버린 혹

지방이 저장된 낙타의 혹

사막 하면 가장 먼저 머릿속에 떠오르는 동물은? 아마도 많은 사람이 낙타라고 대답할 것이다. 구불구불한 작은 산처럼 생긴 혹을 등에 짊어진 낙타. 찌는 듯한 더위를 견디는 것도 힘들 텐데 혹까지 짊어지고 다니려면 얼마나 힘들까 생각하는 사람들도 간혹 있을 것이다. 그런데 낙타의 혹은 절대 짐이 아니다. 오히려 낙타가 물 한 모금 마시지 않고 사막을 횡단할 수 있는 것은 바로 이 혹 덕분이다.

그렇다면 낙타의 혹은 물로 채워졌을까? 이런 추측을 하는 것도 무리는 아니다. 실제로 낙타는 130리터나 되는 물을 한꺼번에 마실 수 있다. 우리가 일상에서 쉽게 접하는 1.5리터짜리 페트병 80개가 넘는 양이다. 보통 낙타는 몸무게의 30퍼센트 이상의 물을 마셔 댄다고 한다. 참으로 위가 큰, 위대한 동물이다. 하지만 낙타의 혹은 물통이 아니다. 낙타의 혹은 움직이는 연료 탱크이다.

낙타는 긴 여행을 떠나기 전에 최대한 많이 먹는다. 그렇게 먹어서 만들어진 영양분은 지방이 되어 혹 속에 차곡차곡 저장된다. 얼마나 많이 먹는지 무려 50킬로그램이나 되는 혹을 만들기도 한다. 이렇게 혹에 가득 찬 지방은 여행 중에 필요한 에너지로 쓰인다. 그래서 긴 여행을 끝낸 낙타의 혹은 여행 전보다 아주 작아지거나, 아예 없어지기도 한다.

낙타의 혹은 체온을 유지하는 중요한 기능도 한다. 일종의 햇볕 차단 장치랄까. 낙타의 울퉁불퉁한 혹은 햇볕이 몸속 깊숙이 침투하는 것을 막는

다. 그 결과 뜨거운 햇볕을 고스란히 받아 체온이 올라가고, 그 체온을 유지하기 위해 땀을 많이 흘려서 탈수 상태가 되는 것을 막아 준다. 그렇다고 땀을 전혀 흘리지 않는 것은 아니지만, 햇볕에 무방비로 노출되는 것은 피할 수 있다.

낙타의 몸매는 혹이 만들어 내는 굴곡이 있어 아름다워 보일 뿐만 아니라, 사막에 잘 적응할 수 있는 과학적인 구조를 하고 있다.

낙타의 윗입술은 위쪽으로 살짝 올라가 있으며 골이 패어 있다. 이것이 콧물이 땅에 떨어지지 않고 고이게 하는 일종의 장치이다. 사막에서는 한 방울의 물이라도 아쉽기 때문에 낙타는 이 장치를 이용해 자신의 콧물까지 빨아 먹는 것이다.

뿐만 아니라, 낙타의 속눈썹은 매우 두껍고 촘촘하다. 덕분에 사막의 모래와 먼지가 눈에 잘 들어가지 못한다. 또 발바닥은 두툼하고 넓적하여 모래땅에서도 발이 빠지지 않고 잘 걸을 수 있다.

여름잠으로 더위를 피하자

캥거루와 닮은 캥거루쥐 역시 사막에 잘 적응하는 동물이다. 캥거루쥐는 땀구멍이 없다. 땀을 흘리지 않는다는 것이다. 게다가 소변도 거의 보지 않는다. 그러나 사막의 열기 속에서도 탈진되지 않는다. 그리고 아주 더운 한낮에는 약 1미터 깊이의 굴을 파고, 그 속에서 지낸다. 이 땅속 집의 온도는 섭씨 22도 정도로, 살기에 딱 알맞은 온도다. 또 적당한 습기도 있어서 캥거루쥐는 호흡으로 인해 수분이 증발하는 것을 막는 동시에 수분을 보충한다. 해가 지고 더위가 물러가면, 캥거루쥐는 밖으로 나와 선인장이나 씨앗을 찾아 먹는다.

마다가스카르 섬에 사는 마우스여우원숭이는 얼굴은 여우를 닮았고, 전체적인 생김새는 쥐 같다. 마우스여우원숭이가 사는 곳은 여름에 덥고 비도 잘 오지 않는다. 그래서 여름이면 어린 풀이나 과일은 물론이고 곤충도 찾기 힘들다. 그렇기 때문에 마우스여우원숭이는 나무 구멍을 찾아 그 속에 들어가 작은 나뭇가지나 잎으로 입구를 막은 뒤에 잠을 잔다. 하는 일 없이 움직이며 에너지를 소모하느니 잠을 자는 것이 생존을 위한 최선의 길임을 잘 아는 것이다.

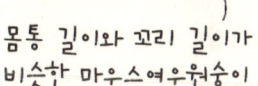
몸통 길이와 꼬리 길이가 비슷한 마우스여우원숭이

물론 잠자는 동안에는 아무것도 먹지 않으며, 물도 마시지 않는다. 그저 체내에 비축한 지방을 소모한다. 그런데 영양분을 비축하는 장소가 참 엉뚱하다. 마우스여우원숭이는 꼬리와 엉덩이에 영양분을 비축한다. 그래서

인지 몸통 길이와 꼬리 길이가 거의 같다.

목욕은 더위를 식히기에 최고

밀림의 왕 사자도 더위에는 약하다. 그래서 햇볕이 뜨거운 낮에는 그늘에서 늘어지게 자거나 쉬면서 보낸다.

덩치 좋은 하마 역시 더위를 아주 싫어한다. 여느 동물에 비해 특별히 수분을 많이 빼앗기기 때문이다. 그래서 물속에서 여름날의 대부분을 보낸다. 하마는 주로 늪이나 호수에 살며 하루에 12~18시간 정도 물에서 생활한다. 심지어 새끼도 물속에서 낳는다.

하마의 몸도 물속에서 생활하기에 적당하다. 일단 물에 들어가면 마치 자동 센서 장치가 있는 것처럼 하마의 귓구멍과 콧구멍이 자동으로 닫힌다. 또 하마는 눈, 코, 귀가 거의 일직선상에 있어서 얼굴을 내놓고 자유롭게 헤엄을 칠 수 있다. 게다가 눈꺼풀도 이중으로 되어 있기 때문에 눈에 이물질이 잘 들어가지 않는다. 그래서 흙탕물 속에서도 앞을 보는

목욕하는 코끼리

데는 아무런 문제가 없다.

하마는 물 밖에서는 땀을 흘린다. 그런데 하마는 붉은 땀을 흘린다. 이 붉은 땀은 정확히 말하면 분비물의 일종으로, 본래 맑고 투명한데 햇빛을 받으면 붉은 색으로 변하는 점액이다. 그래서 하마가 피땀을 흘린다고 말하기도 한다. 이 하마의 붉은 점액은 피부가 갈라진 틈으로 나쁜 균이 침투하는 것을 예방하고, 살균 작용을 하며, 자외선을 차단해 피부 자체를 보호하는 역할을 한다.

코끼리 역시 목욕을 참 좋아한다. 초원에서 풀을 뜯다가 강으로 온 코끼리들은 어미 코끼리가 아기 코끼리를 보호하는 대열을 이루고 물속에 들어가 우선 물부터 벌컥벌컥 들이켠다. 한여름에 그 육중한 몸을 이끌고 다니면 체력과 수분의 소모가 보통이 아니기 때문이다.

코끼리들은 물속에 들어가 첨벙대는데, 이런 행동은 목욕을 하는 것이 아니라 몸의 체온을 떨어뜨리려는 것이라고 한다.

우린 땀샘이 없어

▶ **개** 더위에 지친 개는 혀를 쑥 내밀고 헐떡거린다. 온몸이 털과 가죽으로 덮여 있으니 더울 만도 하다. 한여름에 털코트를 입고 있는 셈이니까. 그런데 개는 땀샘이 없다. 열을 식힐 곳이 혀밖에 없다. 그래서 침으로 그득한 혀를 내밀어 체온이 내려가도록 하는 것이다.

◀ **돼지** 진흙투성이의 돼지를 더럽다고 놀리면 안 된다. 돼지 역시 개처럼 몸에 땀샘이 없어 체온을 조절하기 힘들다. 그래서 선택한 방법이 진흙 마사지이다. 진흙을 몸에 묻히면, 진흙 속의 물이 증발하면서 몸의 열기를 빼앗아 가기 때문이다.

겨울나기 많이 먹고 많이 자는 것이 특기인 곰

일본 북부에 사는 뽀족뒤쥐는 몸길이 4.5센티미터 안팎의 작은 동물이다. 뽀족뒤쥐는 특별한 겨울나기를 한다. 정신없이 마구 먹어서 에너지를 축적하는 것이다. 자기보다 큰 지렁이도 먹어 치우고, 들쥐에게도 달려든다. 말 그대로 대식가이다. 그러나 어찌 보면 살아남기 위해 처절하게 먹는 것이니 먹는 즐거움은 제대로 모를 것 같다.

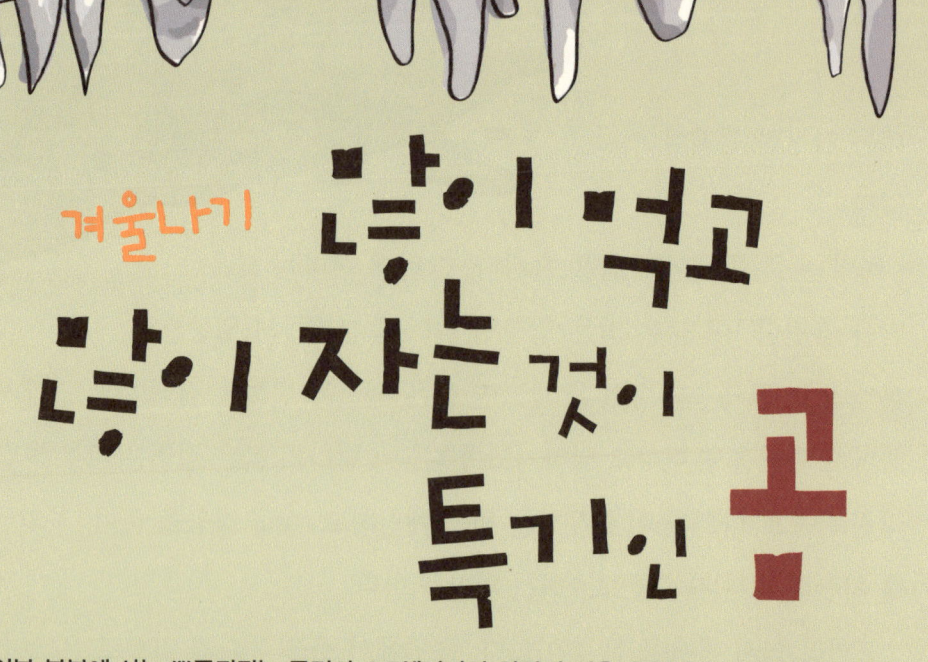

추울 때는 껴입는 게 최고야

족제비털 모자
밍크 코트

사람도 추우면 두껍고 따뜻한 옷으로 갈아입듯, 동물들도 겨울에는 털을 갈아입는다. 털갈이를 하는 것이다. 털갈이를 하는 동물은 여름철의 짧고 듬성듬성한 털을 버리고, 숱이 많고 풍성한 털로 갈아입는다. 이러한 털갈이는 포유동물의 대표적인 겨울나기 방법이다.

그렇다면 여름철 털과 겨울철 털이 정말 다를까? 한 몸에서 나는 털이니 비슷하지 않을까? 하지만 그렇지 않다. 이들의 털은 명성이 자자하다. 빛나는 윤기와 멋스러운 빛깔도 그렇지만 무엇보다 보온 효과가 뛰어나다. 그래서 사람들은 이런 동물들의 털을 이용해 목도리나 코트를 만들어 입는다. 덕분에 수많은 여우·족제비·밍크 등이 사냥감이 되기도 한다.

이러한 동물들의 겨울철 털은 자세히 들여다보면 보통 2개의 층으로 되어 있는데, 바깥쪽의 털은 두꺼우면서 길고, 안쪽의 털은 짧으면서 오밀조밀하게 나 있다. 이러한 구조 때문에 몸에 지니고 있던 열은 꽉 끌어안고, 바깥의 찬 공기는 단단하게 막는 것이 가능하다.

털갈이는 단순히 두꺼운 털로 갈아입는 것만을 뜻하지 않는다. 어떤 동물은 주변의 환경에 맞게 몸 색깔이 변하기도 한다. 이를테면 토끼는 겨울에 흰색 털이 난다.

그렇다면 수달·오리·밍크처럼 물에서 생활하는 동물들은 겨울을 어떻게 보낼까? 털이 물에 젖을 텐데 말이다. 이런 동물들은 피부에 기름샘이

겨울잠 준비 1
무조건 많이 먹기

있기 때문에 따뜻한 겨울을 보낼 수 있다. 기름샘에서 나온 기름이 털에 묻어, 털이 차가운 물에 젖지 않고 체온을 유지하는 것이다.

잠이 묘약이야

동물 세계에서 잠은 더위를 이겨 내기도, 추위를 견뎌 내기도 좋은 방법이 된다. 여름이나 겨울에 먹을거리가 없거나 활동하기 힘들 때에는 꼼짝 않고 잠을 자면서 에너지를 소비하지 않는다. 그렇게 잠에 빠져 있다 보면 더운 여름도 지나고, 추운 겨울도 지나는 것이다.

겨울잠을 즐기는 가장 대표적인 동물은 곰이다. 곰은 추위를 피해 보통 5~6개월 정도 긴 잠을 즐긴다. 1년의 반을 잠으로 보내는 것이다. 그렇지만 이렇게 오랫동안 잠을 자기 위해서 깨어 있는 동안 아주 바쁘게 생활해야 한다. 잠을 자거나, 그렇지 않을 때는 겨울잠을 준비하는 일을 반복하는 것이 곰의 일생이라고 할 수도 있겠다.

겨울잠을 위한 첫 번째 준비는, 정말 미련한 곰처럼 무조건 많이 먹는 것이다. 곰뿐만 아니라 동물들 대부분이 가을에 식욕이 가장 왕성하다. 겨울에는 먹이를 찾기가 힘들기 때문에 미리 먹어서 몸속에 지방으로 저장해 두어야 하기 때문이다. 그래서 겨울이 오기 전에 보통 몸무게를 두 배 정도로 불린다고 한다. 곰 역시 이 시기에는

겨울잠 준비 2
잇자국으로 영역 표시하기

하루에 보통 사람의 30끼 식사량에 맞먹을 정도의 양을 먹어서 눈꺼풀이 덮일 만큼 살을 찌운다.

살을 찌울 만큼 찌운 곰은 나무에 잇자국을 내서 영역을 표시하고 일광욕을 한다. 겨울잠을 잘 때 몸이 젖어 있으면 체온이 떨어질 수도 있기 때문에 일광욕을 해서 털을 뽀송뽀송하게 말리는 것이다.

이런 준비 과정을 거쳐 겨울잠에 들면, 1분에 40회 정도 뛰던 곰의 심장 박동은 1분에 8회 정도로 느려진다. 또 체온은 영하 22도까지 내려간다. 즉, 에너지를 최대한 덜 소모할 수 있게 몸의 상태가 바뀌기 때문에 자는 동안 아무것도 먹지 않아도, 거대한 몸 이곳저곳에 쌓아 놓은 지방으로도 생명이 유지되는 것이다. 게다가 암곰은 겨울잠을 자는 사이에 새끼까지 낳는다.

물론 동물원에서 생활하는 곰은 이런 과정을 거치지 않는다. 한겨울에도 먹을거리 걱정을 하지 않아도 되니까 겨울잠이 필

요 없는 것이다. 또한 열대 지방이나 북극에 사는 백곰 역시 기후가 일정하기 때문에 겨울잠이 필요 없다.

곰 이외에도 겨울잠을 자는 동물은 많다. 박쥐도 굴이나 나무 구멍에서 겨울잠을 잔다. 그런데 박쥐는 자다가 목이 마르면 한두 시간쯤 잠에서 깨어나 물을 마시거나 덜 추운 곳으로 자리를 옮기기도 한다. 고슴도치도 몸속에 커다란 지방층을 만든 다음 겨울잠을 잔다. 그리고 민물고기의 대부분도 얼음이 언 강물의 바닥에서 겨울잠을 잔다고 하니 겨울은 동물들에게 휴식의 계절이다.

따뜻한 곳으로 이사 가자

많은 철새는 추운 겨울이 오기 전에 따뜻한 곳으로 훨훨 날아간다. 이렇게 춥거나 더운 날씨를 피하고 부족한 먹이를 찾아 다른 곳으로 이동하는 새들을 철새라고 한다.

이른 봄이면 우리나라에 날아와 살다가 추운 겨울이면 남쪽으로 날아가는 새들을 '여름철새'라고 한다. 전래 동화 〈흥부와 놀부〉에 등장하는 제비를 비롯해 뻐꾸기, 꾀꼬리, 백조 등이 대표적인 여름철새이다.

이와 반대로 가을에 날아와 겨울을 나고 봄에 떠나는 새는 '겨울철새'라고 한다. 우리나라를 찾는 겨울철새는 주로 시베리아 같은 북쪽 지방

에서 알을 낳고 사는 새들로, 고니·기러기·독수리·두루미 등이 있다. 이런 새들은 북쪽 지방의 겨울이 너무 춥기 때문에 겨울이 따뜻한 우리나라로 찾아오는 것이다. 우리나라의 겨울은 시베리아의 봄이나 여름의 기온과 비슷하다고 한다.

곤충들의 다양한 겨울나기

사마귀의 알집 암컷은 배에서 끈적끈적한 액체와 거품으로 알집을 만들고 그 속에 알을 낳고 죽는다. 사마귀의 알은 마치 스티로폼처럼 푹신하고 따뜻한 알집에 싸여 있다.
사슴벌레 애벌레 사슴벌레 애벌레는 죽은 나무 구멍에 들어가 조용히 겨울을 난다.
배추흰나비의 번데기 입에서 실을 토해 내어 두껍고 질긴 번데기를 만든 뒤 겨울을 따뜻하게 난다.
꿀벌 꿀이 가득한 벌통에서 그동안 저장한 꿀을 먹으며 추위를 보낸다.
무당벌레 어른벌레와 함께 무리 지어 겨울을 난다.

철새들은 기온뿐만 아니라 주변의 환경까지도 고려해서 이사를 한다. 백조라는 이름으로 더 많이 알려진 고니는 낙동강 하구로 날아와 겨울을 보낸다. 낙동강 하구에는 수초와 민물고기 같은 먹이가 풍성하고, 저수지 부근에는 갈대밭이 있어서 적들의 눈을 피해 숨기도 좋기 때문이다.

그렇다면 계절의 변화에 상관없이 이동하지 않는 텃새들은 겨울을 어떻게 보낼까? 텃새들은 겨울에 깃털을 잔뜩 부풀린다. 그러면 공기를 깃털에 더 많이 넣을 수 있고, 그 결과 보온 효과를 낼 수 있기 때문이다.

엄마는 무서운 선생님이야

　동물원에서 만나는 사자는 참 한가해 보인다. 더 나아가, 늘어지게 하품이나 하고 그늘에서 쉬는 녀석이야말로 참으로 게을러 보이기까지 한다. 그런데 이런 녀석이 어떻게 모든 짐승의 우두머리라고 불리는 걸까? 분명히 기억해 두어야 할 것이 있다. 맹수의 여유로움에는 항상 그만큼 고통을 참고 견뎌 낸 시간이 있었다는 것! 한마디로 공짜로 얻는 달콤한 휴식은 없다는 것이다.

　특히 사자는 새끼 때부터 혹독한 훈련을 받는 것으로 유명한 동물이다. 사자는 태어나는 순간부터 냉혹한 야생의 '쓴맛'을 본다. 새끼를 낳은 암사자는 결코 새끼를 품에 안아 주거나 핥아 주며 정겨움을 표현하지 않는다. 어미는 새끼가 혼자 힘으로 자신의 품에 찾아올 때까지 먼저 챙겨 주지 않는다. 아주 냉정해 보이지만 이것은 아무것도 아니다. 새끼가 태어난 지 3개월이 지나면 어미는 본격적인 훈련에 돌입한다.

　첫 번째 단계는, 높은 산에 새끼를 데리고 올라간 후 새끼 혼자 집을 찾아오게 하는 것. 그리고 6개월이 지나면 들판으로 나가 새끼들이

혼자 힘으로 먹잇감을 사냥하는 기술을 가르치고, 하이에나 들개 등과 실제로 싸우게도 한다. 이때 어미는 새끼의 싸움을 잠자코 지켜보다가 새끼가 목숨을 잃을 만큼 심각한 위기에 부닥치면 새끼를 구해 준다.

매 역시 사자만큼이나 새끼들에게 혹독한 훈련을 시킨다. 어미 매는 새끼에게 먹이를 그냥 주지 않는다. 새끼들을 하늘 높이 데리고 올라가 먹이를 공중에 휙 던진다. 그러면 새끼들은 본능에 따라 먹이를 좇아 공중으로 몸을 던진다. 그러나 사냥하는 법도 모르고 비행 실력도 완벽하지 않은 새끼들은 바위, 절벽, 나뭇가지 등에 부딪히고 걸린다.

이런 훈련을 통해 매는 날개에 힘을 기르고, 먹이를 재빨리 낚아채는 방법, 그래서 어느 정도의 높이에서 어떻게 지상을 내려다보고, 얼마나 빨리 하강할 수 있는지 판단하는 능력 등을 습득한다. 이 과정에서 다리가 부러지거나 날개가 찢어지는 정도의 부상은 비일비재하다. 어쩌면 새끼들은 어미를 야속하다고 할지 모르겠다. 하지만 하늘의 왕자가 되려면 이런 훈련쯤은 참아 내야 한다.

엄마! 이렇게 물면 돼요?

자, 싸움놀이 해 보자.

엄마 치타

내가 가지고 놀래.

살아 있는 먹잇감

놀면서 배우는 것이 좋아

야생의 동물이 모두 사자나 매처럼 혹독하고 빈틈없이 새끼들을 훈련시키는 것은 아니다. 노는 것이 곧 학습이 되도록 교육시키는 동물들도 있다. 이런 교육 방법을 따르는 대표적인 동물은 치타다.

어미 치타가 새끼들을 가르치는 것은 훈련이 아니라 놀이처럼 보인다. 어미 치타는 새끼가 3개월이 될 때까지 서로 껴안고 뒹굴기, 등에 올라타기, 물어뜯기 같은 장난을 치면서 시간을 보낸다. 치타가 가장 재미있어 하는 놀이는 '싸움놀이'로, 주로 형제들끼리 서로 물고 뜯으면서 싸움을 한다. 그렇다고 피가 나도록 싸우는 살벌한 싸움은 아니다. 그저 가볍게 깨물며 노는 정도나. 이렇게 3개월이 지나면 새끼는 어미를 따라다니면서 사냥 기술을 배운다. 그리고 약 7개월쯤 지나면 본격적으로 사냥에 참가할 수 있다.

치타는 사냥하는 데 성공률을 높이기 위해 실전에 나서기 전에 연습을 철저히 시킨다. 살아 있는 먹잇감을 새끼에게 갖다 주고는, 새끼가 그것을 이리저리 차거나 입으로 물고, 던져 보게 한다. 이렇게 실컷 놀게 한 뒤에 어미 치타는 그때까지도 살아 있는 먹이의 목숨을 끊은 후 새끼와 함께 나눠 먹는다. 그야말로 실전 같은 연습을 하는 것이다.

논병아리도 새끼가 어릴 때부터 물속에서 함께 논다. 사실 새끼와 함께

헤엄치기를 망설이는 새끼 논병아리

자! 뛰어내려서 먹잇감을 물어라.

헤엄을 유도하는 어미

논병아리

옙!

놀면서 헤엄과 잠수를 가르치고 싶은 게 어미 논병아리의 속마음이다. 논병아리는 3~10월 사이에 알을 낳는데, 새끼는 태어난 지 일주일이 지나면 헤엄을 칠 수 있다. 그러면 어미는 새끼를 등에 업고 물 한가운데로 들어간다. 그러고는 어미는 물속으로 몸을 담근다.

 헤엄이 익숙하지 않은 새끼는 소리를 지르고 푸득거리며 어찌할 바를 모른다. 바로 이때를 기다렸다가, 어미는 작은 물고기를 얼른 잡아 새끼 논병아리에게 보여 준다. 그러면 먹잇감을 본 새끼 논병아리가 물고기를 먹으려고 첨벙첨벙 헤엄을 치기 시작한다. 그러니까 물고기는 헤엄을 치게 만들려는 미끼인 셈이다. 어미 논병아리는 물고기를 순순히 건네주지 않는다. 그렇게 하는 대신, 잡았던 물고기를 슬쩍 풀어 놓는다. 그러면 새끼는 물속으로 달아나는 물고기를 되잡으려 자신도 함께 헤엄치고, 잠수도 하게 된다.

스스로 깨치면서 살아간다

일본에는 사람처럼 고구마를 씻어 먹는 원숭이들이 있다. 이 일본 원숭이들이 고구마를 씻어 먹기 시작한 것은 1953년 미모라는 어린 원숭이로부터 시작되었다. 어느 날 미모는 고구마 하나를 발견했는데, 물가에 가지고 가서

물에 씻은 고구마

고구마에 묻은 흙과 모래를 씻었다. 이렇게 미모가 고구마를 씻어 먹은 뒤에 주변의 친구 원숭이들이 하나 둘씩 미모를 따라 고구마를 씻어 먹더니, 결국 무리 전체로 퍼져 나갔다. 게다가 민물뿐만 아니라 바닷물에 고구마를 씻어 먹는 녀석들도 생겨나기 시작했다. 동물들도 인간처럼 보고, 듣고, 배운 것을 모두 이용해 살아가는 것이다.

> **원숭이 학교가 있다**
>
> 태국의 수라타니라는 곳에는 짧은꼬리원숭이를 위한 학교가 있다. 학교에서 제일 중요하게 생각하는 수업은 높은 나뭇가지에 달린 코코넛 따기! 약 1만 2천 마리가 훈련을 받고 있다. 안전하게 훈련을 마친 원숭이의 경우 하루에 800~1000개 정도의 코코넛을 딸 수 있다. 사람이 아무리 열심히 일해도 300개밖에 못 따는 것에 비하면 놀라운 실력! 주인의 할 일은 원숭이들이 코코넛을 다 딸 때까지 나무 밑에서 기다리기!

쥐도 매우 영리하고 부지런한 동물이다. 시궁쥐, 생쥐, 등줄쥐, 갈밭쥐 등 종류가 다양하지만 모두 몸집에 비해 뇌가 매우 크다는 공통점이 있다. 몇몇 학자는 쥐의 학습 능력을 알아보기 위한 실험을 하기도 했다. 바로 미로 찾기 실험이다. 첫 번째 상황은, 미로를 만들고 미로의 끝에 먹이가 든 흰 상자와 검은 상자를 따로 설치했다. 쥐는 처음에는 여러 번 미로를 헤매다가 두 상자로 가는 길을 잘 찾게 되었다. 시간이 지나면서는 비슷한 횟수로 두 상자를 선택했다. 두 번째 상황은, 다른 미로에 쥐를 넣고 흰 상자와 검은 상자를 마찬가지로 나란히 놓았다. 이번에는 쥐가 검은 상자로 가면 막대기로 따끔하게 때려 주었다. 그랬더니 그 다음 날에는 쥐가 흰 상자로만 찾아 들어갔다.

이 실험을 통해 넣이은 기어에서도 머리를 잘 써서 새로운 길을 찾아내는 동물들의 능력을 확인할 수 있었다. 또 동물들이 우연한 발견과 적절한 지료를 통해 학습할 줄 알며, 그 효과도 뛰어나다는 것을 알게 되었다.

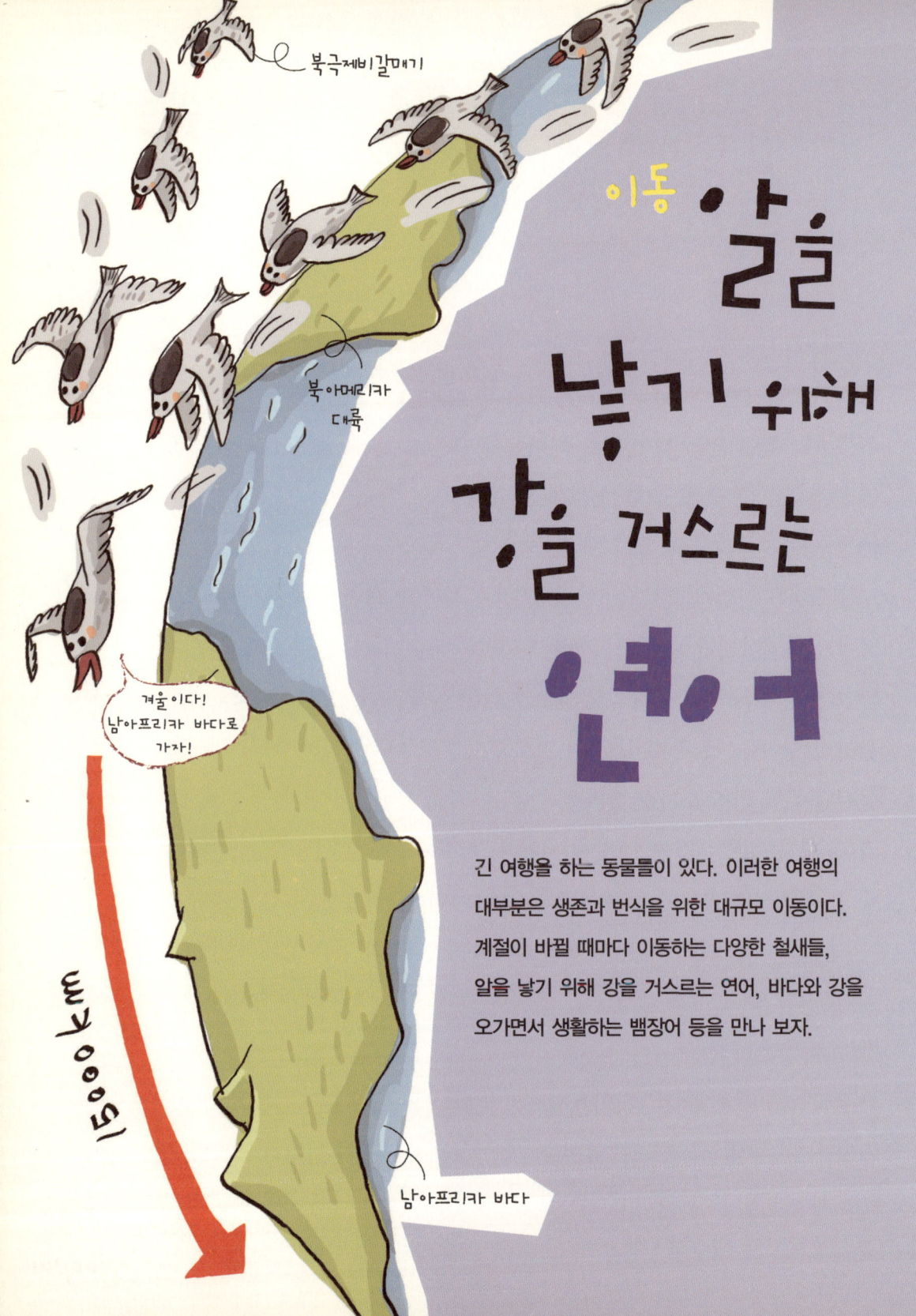

이동 알을 낳기 위해 강을 거스르는 연어

긴 여행을 하는 동물들이 있다. 이러한 여행의 대부분은 생존과 번식을 위한 대규모 이동이다. 계절이 바뀔 때마다 이동하는 다양한 철새들, 알을 낳기 위해 강을 거스르는 연어, 바다와 강을 오가면서 생활하는 뱀장어 등을 만나 보자.

목숨을 건 새들의 이동

북극제비갈매기는 세계에서 가장 먼 거리를 여행하는 동물로 알려져 있다. 이름대로 북극과 가까운 유라시아(유럽과 아시아를 아울러 이르는 말) 대륙과 북미의 대륙이 서식지이다. 북극제비갈매기는 겨울이면 멀게는 남아프리카의 바다까지, 가깝게는 남극 대륙의 바다까지 이동한다. 이들의 이동 거리는 최소한 1만 5천 킬로미터가 되는데, 이렇게 먼 거리를 북극제비갈매기는 해마다 두 번씩 이동한다.

이렇게 긴 여행을 하는 새들은 철저한 준비를 한다. 우선 많이 먹어서 지방층을 두껍게 만든다. 어떤 새들은 평소 체중의 두 배 이상 불려서 길을 떠난다.

에너지 충전이 끝나면, 무리들은 대형을 이룬다. 보통 경험이 많은 우두머리가 맨 앞에 선다. 기러기는 보통 브이(V) 자 모양의 대형을 만든다. 바람의 저항을 가장 적게 받으면서 날갯짓을 할 수 있는 대형이기 때문이다. 뿐만 아니라, 앞서 가는 새의 날갯짓이 뒤따라오는 새들을 위로 들어 올리는 상승 기류를 만들어 준다. 즉, 누군가가 뒤에서 밀어 주는 듯한 효과를 얻을 수 있어, 날갯짓을 할 때 에너지 소모를 줄일 수 있는 것이다.

독수리처럼 몸집이 큰 새들은 내내 날개를 치지 않고 따뜻한 공기의 흐름을 이용해 하늘을 난다. 따뜻한 공기는 하늘 위로 올

라가는 상승 기류를 만드는데, 이런 공기의 흐름을 타고 원을 그리면서 하늘 높이 올라갔다가, 서서히 내려오면 또 다른 상승 기류를 타고 올라가기를 반복하면서 전진한다. 이 또한 에너지를 절약해서 먼 거리를 이동할 수 있는 방법이다.

그런데 새들은 어떻게 원하는 곳을 정확히 찾을 수 있을까? 새들은 낮에는 태양을 나침반으로 이용하고, 과거에 날았던 곳의 지형을 기억하는 경험이 많은 새들을 따른다. 또 밤에는 태양 나침반 대신 지구의 자기장을 감지해서 방향을 잃지 않는다.

알을 낳기 위해 '회유'

동물들의 이동은 물속에서도 일어난다. 많은 물고기가 알을 낳기 위해 넓은 바다에서 연안으로, 또는 깊은 바다에서 얕은 바다로 이동한다. 연안이나 얕은 바다에는 맛있는 플랑크톤이 많아 알에서 깨어난 물고기들이 살기에 알맞기 때문이다. 그러나 어린 물고기들은 자라면 어미가 있던 곳으로 다시 이동한다. 이렇게 알을 낳기 위해서, 혹은 먹이나 알맞은 수온을 찾아서 이동하는 것을 '회유'라고 한다.

연어는 북쪽 바다에서 살다가 자신이 태어난 강으로 되돌아온다. 이것은 연어가 강의 냄새를 기억해 두는 습성이 있기 때문에 가능한 일이다. 연어는 부화까지 60여 일, 먼 바다로 떠나기 전까지 50여 일을 강에서 지내면서 강의 냄새를 기억한다.

그런데 바다에서 강으로 이동하는 연어의 회유는, 물의 흐름을 거스르는 것이기 때문에 결코 쉽지가 않다. 강의 상류에 도착하기까지 상처를 입고 에너지가 모두 소진된 연어는 알을 낳고, 곧 죽어 버리기까지 한다.

이와는 반대로 물길을 따라 내려가 바다로 향하는 물고기도 있다. 뱀장어가 그렇다. 강이나 호수 같은 민물에서 5~10년 정도 산 뱀장어는 알을 낳기 위해 바다로 나간다. 이 무렵, 뱀장어는 몸 색깔이 짙은 흙색이 되면서 혼인색으로 변한다. 혼인색이란 어류, 양서류, 파충류 등이 짝짓기 철이 돌아올 때 몸에 나타나는 독특한 빛깔을 말한다. 그러면 뱀장어는 먹는 것도 중지한다. 알을 낳기 위해 철저한 준비를 시작하는 것이다.

무엇보다 뱀장어는 갯벌 부근에서 오래도록 짠물에 적응하는 '체력 훈련'을 마다하지 않는다. 민물에 살던 뱀장어가 갑자기 짠물로 뛰어들면 삼투압에 의해 목숨을 잃기 때문이다. 사실 이때가 뱀장어에게는 가장 힘든 시간이다. 뱀장어가 갯벌로 내려오는 늦가을부터 겨울 사이에 사람들은 갯벌을 헤치고 닥치는 대로 잡아가기 때문이다.

떼로 몰려다니면 무서워!

1874년 북미의 로키 산맥에 나타난 메뚜기 떼는 공포에 가까웠다. 1조 2천5백만 마리가 하늘을 시커멓게 뒤덮어 하늘을 제대로 볼 수 없을 정도였다. 그 무게만 해도 2천5백만 톤이나 되었다.

2004년에는 아프리카에서 이동해 온 메뚜기 떼가 이집트와 사우디아라비아, 이스라엘 등지에 나타났다. 이집트에서는 갑작스레 나타난 메뚜기 떼를 없애기 위해 사람들에게 메뚜기를 식용으로 써도 된다며 홍보를 하기도 했다. 또한 세네갈의 한 라디오 방송에서는 메뚜기를 잡아 오면 쌀로 바꾸어 주겠다는 광고를 내기도 했다. 메뚜기 50킬로그램에 쌀 50킬로그램이 공짜!

이 모든 위험을 이겨 낸 뱀장어는 5천 킬로미터 이상을 헤엄쳐 수심 5백 미터 이하의 깊은 바다에 알을 낳고 생을 마감한다. 알에서 깨어난 새끼들은 자라서 다시 민물로 향한다. 끝없는 이동이 대를 거치면서 이루어지는 것이다.

가을이면, 캐나다의 퀘벡 동북부 지역에는 장관이 펼쳐진다. 수십만 마리의 순록이 일제히 남서쪽으로 이동하는 것이다. 그러다가 봄이면 다시 떠났던 곳으로 돌아와 새끼를 낳는다. 이들의 이동 거리는 무려 8천 킬로미터에 이른다. 그러나 이 과정에서 수많은 순록이 늑대를 비롯한 맹수들의 먹이가 되고, 혹은 물에 빠져 죽거나 덫에 걸려 죽음을 맞이한다.

무시무시한 메뚜기 떼의 이동

메뚜기는 건조한 초원이나 사막에 산다. 그런데 이 녀석들 가운데는 무리를 지어 다니면서 피해를 주는 이동형 메뚜기가 있다. 이 녀석들은 옥수수,

메뚜기 떼의 공격으로 초토화된 농작물

벼, 밀 등의 농작물들을 뿌리째 갉아먹어 그 일대를 초토화시킨다. 불과 2~3그램밖에 안 되는 녀석들이 떼를 지어 봤자겠지 했다가는 큰코다친다. 메뚜기 무리가 수 킬로미터의 하늘을 뒤덮을 때가 있는데, 그 무게를 계산하면 수만 톤에 달한다고 한다. 그렇다면 대체 메뚜기가 몇 마리란 말인가?

자연 생태계에는 혼자 행동하는 고독형 메뚜기가 더 많이 산다. 이런 메뚜기는 다른 메뚜기들과 떼를 지어 이동하고 싶다고 해서 하루 아침에 이동형 메뚜기로 변할 수는 없다.

이동형 메뚜기는 한 곳에 얼마만큼의 메뚜기가 사느냐에 따라 결정되는데, 이것은 본능에 따른 것이다. **메뚜기들은 보통 봄이면 먹이가 많은 곳에서 알을 낳는데, 이때 알에서 깨어난 메뚜기가 많으면 이동형이 된다.** 그런데 아직까지 이동형 메뚜기가 왜 이동을 하는지는 밝혀지지 않았다고 한다. 그저 이동형 메뚜기는 거대한 떼를 지어 몰려다니다가 에너지를 다 쓴 뒤에야 이동을 멈춘다는 것만 알려졌다.

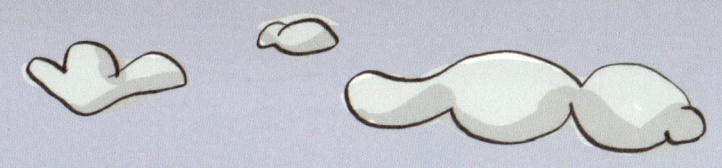

메뚜기 떼

우리 왜 이렇게 몰려 다니는 거야?

몰라.

먹이 탐지 능력
혀를 날름거리며 먹잇감을 찾는 뱀

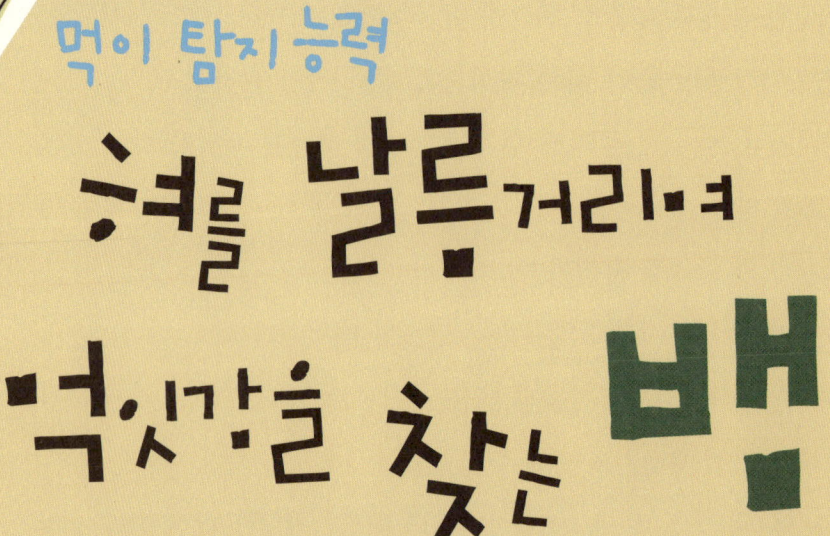

오리너구리는 주로 물밑에서 먹이를 찾는다. 그런데 오리너구리는 물속으로 들어갈 때, 눈과 귀를 닫는다. 코도 부리의 안쪽에 있기 때문에 냄새를 맡을 수도 없다. 그렇다면 어떻게 먹이를 찾을까? 학자들은 오리너구리가 물밑에서 먹잇감이 움직일 때마다 발생하는 전기의 움직임으로 먹잇감을 찾는다고 추측하고 있다. 동물들의 개성있는 먹이 탐지 능력들을 알아보자.

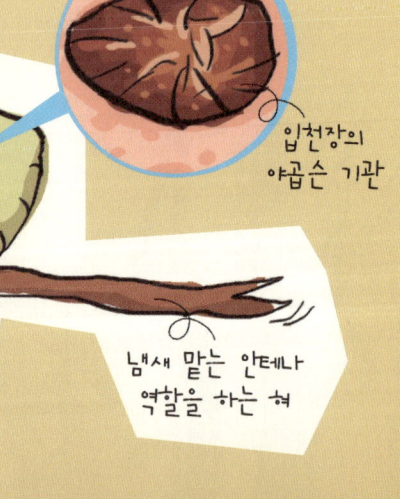

입천장의 야콥슨 기관

냄새 맡는 안테나 역할을 하는 혀

냄새를 잘 맡아야지 먹이를 쉽게 찾는다

뱀의 혀는 왜 두 갈래이고, 뱀은 왜 끊임없이 콧구멍 쪽으로 혀를 날름거리는 것일까? 그동안 여러 학설이 나왔는데, 가장 최근에 뱀의 혀가 후각과 관련 있다는 사실이 밝혀졌다. 즉, 뱀의 혀가 냄새를 맡는 안테나 역할을 한다는 것이다.

뱀의 입속, 입천장에는 야콥슨 기관이라는 것이 있다. 야콥슨 기관에는 2개의 움푹 파인 구멍이 있는데, 이곳은 항상 축축한 체액이 묻어 있다고 한다. 뱀은 혀를 날름날름거리며 공기 중의 냄새 입자를 묻힌 후, 야콥슨 기관의 두 구멍에 혀를 넣어 냄새 입자를 뇌로 전달한다. 이 과정을 통해 뱀은 먹잇감을 비롯해 짝짓기 상대를 발견하기도 한다. 즉, 뱀의 혀는 마치 일반 동물의 코 역할을 해서 주변 환경을 판단할 수 있게 돕는 것이다.

후각의 일인자는 뭐니 뭐니 해도 개다. 개는 코가 전체 얼굴의 3분의 2를 차지하는데다가 콧속에는 많은 주름이 나 있다. 이 주름은 항상 축축한 점막으로 덮여 있는데, 점막은 냄새를 맡는 무려 2억 2천만 개의 후각 세포로 이루어졌다고 한다. 덕분에 개는 2백만 가지의 서로 다른 냄새를 맡고 그 농도까지 판단할 수 있다.

가령 개는 열 마리의 새끼가 태어나면 각각의 새끼를 차례로 핥아 주는데, 새끼를 섞어 놓아도 핥아 주는 순서를 틀리지 않는다고 한다. 냄새를 통해 새끼를 구별하는 것이다. 더

구나 개는 이렇게 냄새를 잘 가려낼 뿐만 아니라, 후각이 쉽게 피로해지지 않는다는 장점도 가지고 있다. 사람은 강력한 냄새를 오랫동안 맡으면 그 냄새에 후각이 마비되지만, 개는 시간이 오래 지나도 냄새를 제대로 맡을 수 있다.

이렇게 뛰어난 개의 후각은 우리 생활에도 도움을 주고 있다. 훈련을 잘 받은 개는 1미터 깊이의 지하에 매장되어 있는 황철광·루비철광 등을 비롯해 지뢰, 폭탄이나 마약 등도 찾아낸다.

청각·후각·촉각 모두를 사용하는 상어

먹잇감을 찾는 일은 무엇보다 빠르고 정확해야 한다. 그러기 위해서는 동원할 수 있는 모든 감각 기관을 이용하는 것이 유리하다. 아마 상어만큼 이런 원칙에 충실한 동물은 흔치 않을 것이다. 상어는 청각을 통해 멀리 있

물결의 진동을 감지하는 옆줄이 있다.

물결의 진동

코끝과 뺨에 전류의 흐름을 감지하는 로렌치니 기관이 숨어 있다.

는 먹잇감의 위치를 파악한다. 소리에 민감한 상어는 약 1킬로미터 바깥에서 나는 소리까지 정확히 알아들을 수 있다고 한다. 그리고 먹이가 조금 더 가까이 다가온 뒤에는 냄새를 맡는다.

영화 〈죠스〉에서는 식인 상어가 피 냄새를 맡고 달려드는 장면이 자주 등장하는데, 이것은 상어가 냄새에 민감하다는 것을 알 수 있게 한다. 실제로 상어는 물 100리터에 피 한 방울만 떨어뜨려도 귀신같이 냄새를 맡을 수 있다.

이렇게 냄새와 소리로 먹잇감의 정체를 파악한 상어는 촉각을 이용해 더욱더 구체적인 정보를 얻는다. 촉각을 이용한다는 것은 상어가 물결의 진동을 느낀다는 것이다. 외부 자극에 민감한 세포들이 발달한 상어의 옆줄이 물고기가 헤엄칠 때마나 만들어 내는 물결의 진동을 감지한다.

그리고 상어는 '로렌치니'라는 특별한 기관도 이용한다. 로렌치니는 상어의 코끝과 뺨에 점점이 흩어져 있는 아주 작은 구멍의 일부분이다. 이곳에서 전류의 흐름을 감지하는 일을 한다. 모든 살아 있는 생물체는 아주 약한 전기를 발산하기 있기 때문에, 상어는 로렌치니 기관을 통해

모래나 산호, 물풀 속에 꼭꼭 숨은 작은 물고기들도 찾아낼 수 있다.

어두운 밤에도 사냥할 수 있어

들쥐는 올빼미가 가장 좋아하는 먹잇감이다. 알다시피 올빼미는 주로 밤에 활동을 한다. 그렇다면 캄캄한 밤에 어떻게 들쥐를 찾을 수 있을까? 올빼미가 특별한 눈을 가졌기 때문에 가능하다.

올빼미의 눈은 얼마나 큰지, 얼굴의 3분의 1을 차지한다. 이 큰 눈이 빛을 받아들이는 능력 또한 뛰어나서 캄캄한 밤에도 물체를 잘 볼 수 있다. 게다가 보통 새와는 다르게, 올빼미의 눈은 얼굴 정면에 붙어 있어 물체를 입체적으로 파악할 수 있고, 거리를 정확하게 측정할 수 있다.

그런데 올빼미는 큰 눈알을 이리저리 돌리면서 물체를 보지 않는다. 올빼미는 눈구멍 속에 눈알이 고정되어 있어서 사람이 눈동자를 굴리는 것처럼 눈알을 움직이지 못한다. 하지만 이가 없으면 잇몸! 눈알을 움직일 수 없는 대신, 올빼미의 목은 270도까지 돌릴 수 있다.

그렇다면 빛이 전혀 없어도 올빼미는 사냥을 할 수 있을까? 물론이다. 올빼미는 빛이 전혀 없을 때에는 청각을 이용해 먹잇감을 정확히 찾아낸다. 수십 미터 떨어진 곳에 있는 쥐가 나뭇잎 아래에서 바스락거리기만 해도 정확한 위치를 파악할 수 있을 만큼, 올빼미는 듣기 능력이 뛰어나다.

올빼미는 날 때도 시끄럽지 않다. 대부분의 새들이 날갯짓을 하면 '푸드덕' 소리가 나지만, 올빼미의 깃털은 워낙 부드러워서 서로 부딪쳐도 소리가 나지 않는다. 그리고 몸통에 비해 날개가 크기 때문에 날개를 젓는 횟수도 작은 새들보다는 훨씬 적다.

올빼미의 날개 앞쪽 가장자리는 빗살처럼 파여 있고, 뒤쪽 가장자리는 매우 섬세하고 가는 솜털 깃털로 덮여 있다. 이러한 날개 구조는 공기의 흐름을 차단하지 않아서 날갯짓을 할 때 공기 저항을 줄여 주고 소리를 억제하는 역할을 한다.

다섯 개의 눈을 가진 잠자리

곤충 중에서는 잠자리의 시력이 매우 좋다. 올빼미처럼 깜깜해도 물체를 잘 찾아낼 수 있고, 6미터 거리의 물체도 정확하게 볼 수 있으며, 움직이는 곤충은 20미터 밖에서도 확인할 수 있다고 한다.

잠자리의 눈은 모두 5개인데, 겹눈 2개, 홑눈 3개로 이루어졌다. 겹눈은 모양이나 색깔을 감지하며, 앞쪽에 둥글게 부풀어 있다. 홑눈은 빛의 세기를 감지하며, 그 위쪽인 정수리 부분에 있다.

사실 겹눈만 하더라도 무려 1만~3만 개나 되는 낱눈으로 되어 있고, 육각형 모양이다. 낱눈은 말 그대로 하나하나 눈이기 때문에 아주 민감하고 정확하게 볼 수 있게 해 준다. 그래서 모기를 잡는 것도 100퍼센트 성공률을 자랑한다. 1시간에 800마리의 모기를 잡는 것도 거뜬하다.

설마, 이렇게 작은 소리는 들리지 않겠지?

후다닥

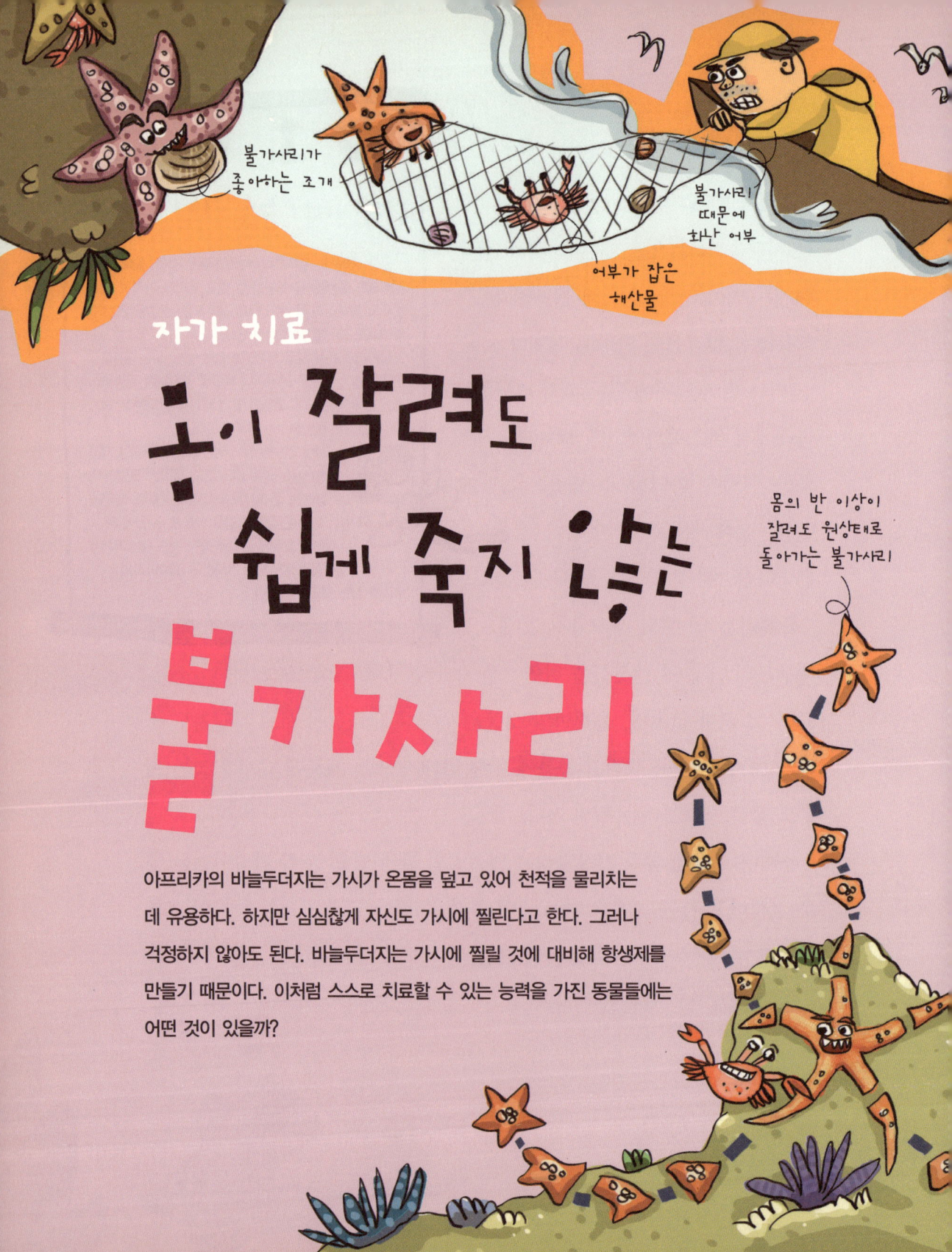

자가 치료
몸이 잘려도 쉽게 죽지 않는 불가사리

아프리카의 바늘두더지는 가시가 온몸을 덮고 있어 천적을 물리치는 데 유용하다. 하지만 심심찮게 자신도 가시에 찔린다고 한다. 그러나 걱정하지 않아도 된다. 바늘두더지는 가시에 찔릴 것에 대비해 항생제를 만들기 때문이다. 이처럼 스스로 치료할 수 있는 능력을 가진 동물들에는 어떤 것이 있을까?

잘린 도마뱀 꼬리

잘라도 잘라도 또 생기네

상처가 나거나 혹은 몸의 일부가 잘려 나가면 어떻게 될까? 사람들은 약을 먹거나 치료를 받지만, 그렇게 할 수 없는 동물들 대부분은 목숨을 잃는다고 한다.

그런데 상처 정도는 우습고, 몸의 일부가 잘려 나가도 문제 되지 않는다는 녀석이 있다. 바로 불가사리이다. 보통 예쁜 별 모양을 하고 있는 불가사리는 성게·해삼과 같은 무리로 극피동물이라 부른다. 불가사리는 조개·게·새우 등을 주로 잡아먹는다. 문제는 이 녀석들이 어부들이 그물로 잡아 놓은 해산물까지 먹어 치운다는 데 있다.

더구나 불가사리를 없애기란 좀처럼 쉽지 않아 양식장을 하는 사람들이나 어부들이 더욱더 골머리를 썩는다고 한다. 불가사리는 물에서 건져 땅에 놓아도 쉽게 죽지 않는다. 잔인하지만 몸을 여러 토막 내어도 마찬가지이다. 몸의 반 이상이 잘려 나가도 불가사리는 원상태로 돌아간다. 오히려 몸을 자르면 그 숫자가 늘어난다. 5개의 팔을 자르면 잘려 나간 다리 5개가, 5개의 작은 불가사리로 된다. 참으로 놀랍고도 끔찍한 변신술이다. 역시 불가사리라는 이름값을 톡톡히 한다. 불가사리는 원래 절대 죽일 수 없다는 뜻을 가진 '불가살(不可殺)'이란 말에서 나온 이름이다.

도마뱀 역시 불가사리처럼 놀라운 재주를 가졌다. 도마뱀은 꼬리가 잘려 나가도 몇 번이고 다시 나온다. 도마뱀의 꼬리에는 이음매가 있

어서 쉽게 잘라지고 피도 조금밖에 나오지 않는다. 꼬리가 잘려 상처가 나면, 그 부분에 새로운 꼬리가 나오면서 아문다. 물론 새로 나온 꼬리는 처음보다 작지만 시간이 어느 정도 지나면 원래대로 복원된다. 단, 큰도마뱀이나 카멜레온은 꼬리가 잘려도 다시 나오지 않는다.

불가사리나 도마뱀처럼 몸의 일부가 잘려도 다시 생기는 것을 '재생'이라고 한다. 게·가재 등의 갑각류나 바퀴벌레·메뚜기 같은 곤충들은 다리나 날개, 더듬이가 잘려도 재생이 가능하다.

약을 스스로 찾아 먹는다

아플 때 약이 되는 먹이를 찾아 먹는 동물이 있다. 침팬지는 무려 30여 가지의 약초를 먹는다. 특히 아스필리아 잎을 자주 먹는데, 이 잎은 기생충을 없애는 데 큰 도움이 된다고 한다. 아스필리아 잎은 거칠고, 잎 주변에 날카로운 털이 나 있다. 맛도 쓰고 영양분도 특별히 없다. 그래도 침팬지는 이 잎이 몸에 좋은 약이라고 생각하고 한 입에 꿀꺽 삼킨다.

침팬지는 아스필리아 잎을 먹을 때 절대 씹지 않는다. 아스필리아 잎의 잔털이 상하지 않게 하기 위해서다. 잎에 난 이 털들이 창자 주위의 기생충들을 깨끗하게 청소하는 역할을 한다는 것을 아는지, 침팬지는 아스필리아 잎을 둥글게 뭉쳐서 삼킨다. 그러면 기생충과 함께 소화되지 않고 그대로 몸 바깥으로 나온다.

개와 고양이가 가끔씩 풀을 뜯어 먹는 것도 기생충을 없애기 위한 것이라고 알려져 있다. 이처럼 동물들은 어디가 아플 때 무엇을 먹어야 하

는지 경험을 통해 직접 깨닫고 그것을 후대에 물려준다.

　아프리카 잔지르바르 섬에 사는 붉은 콜로부스 원숭이의 주식은 인도 아몬드 잎과 망고나무의 잎이다. 이 나뭇잎들에는 단백질이 풍부하면서도 페놀 같은 독성을 지닌 화학 물질들이 들어 있다. 화학 물질의 독성은 소화를 방해하기 때문에 붉은 원숭이들은 이러한 독성을 없애기 위해 숯을 먹는다.

　붉은 원숭이들은 산불이 난 지역에서 숯을 찾거나 가끔씩 원주민들의 화로에서 숯을 몰래 꺼내 먹기도 한다. 숯은 자기 무게보다

날카로운 털이 난 아스필리아 잎

오늘은 장 청소를 해 볼까?

기생충

돌돌 말은 아스필리아 잎

기생충

2백 배나 많은 독성 물질을 흡수한다. 그리고 세균과 악취를 빨아들이기도 한다. 그래서 사람들도 밥을 짓거나 공기를 정화시키기 위해 숯을 사용한다. 사람들이 알고 있는 숯의 효용을 붉은 원숭이들도 알고 있는 것이다.

암컷 코끼리의 경우에도 새끼를 낳을 때가 되면 평소에는 잘 먹지 않던 지칫과에 속하는 작은 나무의 잎과 껍질을 먹는다. 이것을 먹으면 새끼를 낳을 때 고통을 줄일 수 있다는 것을 알기 때문이다. 그래서 새끼까지 밴 무거운 몸을 이끌고 이 나무를 찾기 위해 먼 길을 걷는 수고도 마다하지 않는다. 똑똑한 어미 코끼리처럼 실제 아프리카 원주민들도 아기를 낳기 전에 이 나무의 잎과 껍질을 끓여 먹는다고 한다.

쓱쓱 싹싹~ 온몸을 깨끗이 해서 질병을 예방

병은 치료하는 것보다 예방하는 것이 더 중요하다. 건강을 유지하기 위해 가장 기본이 되는 것은 청결! 동물들도 건강을 지키기 위해 자기 털을 깨끗하게 손질하거나 열심히 치장한다.

토끼는 털을 혀로 핥아서 깨끗하게 한다. 이렇게 하면 몸에서 냄새도 안 나고 기생충이나 벼룩 같은 해충도 생기지 않는다. 게다가 털이 엉켜서 생길 수 있는 피부병도 예방할 수 있다.

그런데 혀로 핥는 것이 되레 건강을 해치는 것은 아닐까? 설사 털에 나쁜 세균이나 해충이 있었더라도 토끼의 뱃속에 들어가면 강한 위산이

혀로 털을 고르는 토끼

세균을 죽이고, 독성을 중화시키기 때문에 안전하다. 개 또한 혓바닥으로 몸을 핥는데, 늘 뜨거운 혓바닥은 살균 작용까지 해 준다고 한다.

떼까마귀는 개미를 이용해 특별한 목욕을 한다. 떼까마귀는 개미집을 공격하여 당황한 개미들이 우왕좌왕하기를 노린다. 그러는 순간 떼까마귀가 날개를 펼쳐서 개미들이 날개 사이로 들어와 때수건의 역할을 해 주길 바라는 것이다. 개미들이 날개 구석구석을 다니면서 때를 밀어 주기를 기다리기도 하고, 때로는 부리로 개미를 물어서 날개 밑을 쓱쓱 싹싹 닦기도 한다.

이러한 개미 목욕은 동물 행동의 10대 불가사의 중 하나로, 떼까마귀뿐만 아니라 앵무새, 딱따구리 등 2백50여 종이 넘는 동물들이 이용한다고 한다. 동물학자들은 공격을 당한 개미들이 자신들을 공격하는 대상을 향해 포름산을 내뿜는데, 이 포름산이 기생충을 죽이고 깃털을 건강하게 하는 것이라고 추측하고 있다.

상처가 나도 피가 나지 않는 오징어

사람의 혈액 속에는 무려 180억 개의 적혈구가 있다. 이 적혈구 속에는 산소를 운반해 주는 헤모글로빈이 있다. 헤모글로빈은 빨갛게 보이는 색소여서 사람의 피를 빨갛게 보이게 한다. 산소와 헤모글로빈이 만나면 색깔이 더 붉어지고, 떨어지면 검붉은 색깔을 띤다.

하지만 바닷가재와 오징어, 달팽이의 색소는 헤모시아닌이다. 헤모시아닌은 색이 없고, 물에 녹으며, 열을 가하면 굳는 성질을 가지고 있다. 그래서 오징어를 잘라도 피가 나오지 않는 것이다.

개미 목욕 중인 떼까마귀

연기력
아픈 척하는 연기의 달인
흰물떼새

죽은 척하며 발라당 드러눕는 무당벌레

여우가 영리한 동물이라는 건, 사냥하는 모습을 보면 알 수 있다. 여우는 토끼를 잡을 때, 미리 토끼가 지나가는 길목에서 기다리고 있다가 몹시 아픈 척하며 땅바닥에 뒹군다. 그러면 토끼는 무슨 일인가 싶어 다가오는데, 이때를 기다려 여우는 토끼의 목을 물어 버린다. 동물 중에는 여우 같은 연기의 달인이 꽤 있다.

흰물떼새
나, 아파요.
처량한 눈빛
축 늘어뜨린 날개
절뚝거리는 다리

아픈 놈을 공격하면 더 쉽겠군.

아픈 연기에 적들은 깜박 속아

동물이 연기를 하는 경우는, 여우처럼 사냥을 할 때보다는 위험을 피해야 할 때다. 흰물떼새는 특히 아픈 연기를 잘하는 달인이다. 흰물떼새는 맹수들이 쫓아오면, 어딘가 상처를 입은 것처럼 연기한다. 이 같은 연기를 하는 것은 적을 유인해서 새끼들을 지키기 위해서다. 이러한 아픈 연기를 하는 것은 흰물떼새뿐만 아니라 땅 위에 둥지를 만드는 새들에서도 볼 수 있다.

아픈 척하면 상대가 얕잡아 보고 더욱더 공격적으로 나와 위험하지 않을까? 아픈 연기를 하는 어미 새는 바로 이러한 반응을 노린다. 혹시나 맹수가 새끼들이 있는 둥지를 공격할까 봐, 아픈 척해서 맹수를 유인하는 것이다. 처량한 눈빛을 하고, 날개를 축 늘어뜨리고 비틀비틀하면서 달아나면 맹수들은 힘없고 약한 녀석이라 잡기 쉽겠다고 생각하면서 순진하게 쫓아온다. 여기에서 연기는 끝나지 않는다. 흰물떼새는 맹수한테 잡힐 것처럼 굴면서 둥지로부터 멀리 떨어진 곳까지 시간을 끌다가 멀쩡하게 날아오른다. 그야말로 목숨을 내놓은 연기를 펼치는 것이다.

오리도 흰물떼새와 같은 방법으로 새끼들을 지켜 낸다. 이와 같이 새가 알과 새끼를 보호하기 위하여, 적이 나타났을 때 상처를 입은 척하는 행동

을 '의상행동'이라고 한다.

　알록달록 예쁜 빛깔을 가진 무당벌레도 의상행동의 일인자이다. 무당벌레는 누군가 자신을 위협하면 일단 뒤로 발라당 넘어진다. 그리고 머리를 몸속으로 집어넣고 다리를 움츠려 죽은 척한다. 새들이 죽은 먹잇감을 별로 좋아하지 않는다는 것을 알고 하는 행동이다.

동물이지만 식물인 척한다

　바다의 꽃이라 불리는 산호는 맑고 따뜻한 바다에 산다. 산호는 열대 지방에서 많이 볼 수 있고, 우리나라에서는 따뜻한 제주도 바다에 많이 산다.

　산호는 식물이 아니라 엄연한 동물이다. 많은 사람이 산호초와 산호를 같다고 생각하기 때문에 산호를 식물로 알고 있는 경우가 많다. 산호초는 산호들의 시체와 배설물이 쌓여 이루어진 단단한 암석이다. 그러니까 산호가 산호초를 만들어 내며, 산호초는 산호의 집이자 보호막이 되어 준다.

　산호는 알을 낳거나 어미의 몸에서 새끼가 싹처럼 돋아나는 방법으로 번식한다. 알에서 깨어난 새끼 산호들은 물속을 헤엄쳐 다니는 시기를 거쳐 바위나

암초처럼 단단한 물체에 달라붙어 생활하는 폴립으로 변한다. 말미잘과 비슷한 폴립은 길이가 1밀리미터에서 1센티미터 정도 되는 강장동물이다. 몸 내부가 빈 주머니 모양이고, 그 주위에 여러 개의 촉수가 둥그렇게 달려 있다. 실제로 폴립은 다리가 많다는 뜻을 가진 라틴 어이다.

폴립 형태의 산호는 한꺼번에 여러 마리가 크게 무리 지어 생활하며, 플랑크톤과 아주 작은 물고기들을 즐겨 먹는다. 산호는 먹잇감이 가까이 다가오면 촉수를 오므렸다 폈다 한다. 촉수에는 독침이 있는데, 이것으로 먹이를 꼼짝 못하게 마비시킨다.

산호는 밤에만 활동하는 야행성 동물이다. 낮 동안에는 산호초를 아무리 살펴봐도 딱딱하고 여기저기 구멍 난 바위 같은 모습이지만 밤에는 다르다. 산호초에서 실처럼 생긴 작은 산호가 산호초 표면을 뒤덮으며 살랑거리는 모습을 볼 수 있다. 산호초는 산호의 시체나 배설물이 계속 쌓이면서 만들어지고, 이쪽저쪽 가지를 치면서 꽃처럼 예쁜 산호초 무리를 이룬다.

촉수에 찔려 마비된 플랑크톤

폴립 형태의 산호

산호가 좋아하는 플랑크톤

아르마딜로의 변신

몸을 공처럼 만들어라

아르마딜로는 변장의 마술사다. 아르마딜로는 북아메리카에서 남아메리카의 아르헨티나에 이르는 초원이나 반사막에서 살며, 몸통의 길이는 75~100센티미터, 체중은 60킬로그램 정도 되며 길쭉하게 생겼다. 생김새만 보아서는 굉장히 둔해 보이지만 놀라운 순발력을 지니고 있다.

아르마딜로는 코요테 같은 천적이 나타나면 타고난 재주를 부린다. 길쭉한 몸통을 순간적으로 착 오므려서 공처럼 만드는 것이다. 그러면 적들은 순간 얼굴을 찡그린다. '이게 무슨 황당한 일이지? 내가 잘못 본 게 아닌가?' 하며 자기 눈을 의심하면서 고개를 갸웃거리고는 지나쳐 버린다.

아르마딜로의 변신술의 비밀은 머리에서 꼬리까지 덮인 피부에 있다. 아르마딜로의 이름 자체가 에스파냐 어로 '갑옷을 입은 사람'이란 뜻인데, 온몸이 정말 갑옷을 입은 듯하다. 자세

갑옷처럼 보이는 피부

여러 조각의 천이 이어진 듯한 피부

동그란 모양으로 구부러지는 몸

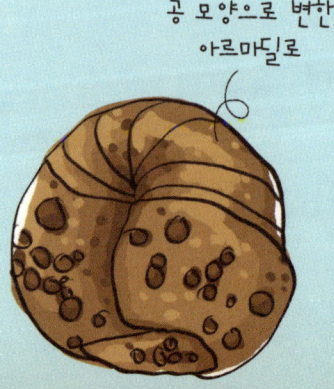

공 모양으로 변한 아르마딜로

히 살펴보면 피부가 3각·4각·5각·6각형 무늬의 여러 조각의 천이 이어진 것처럼 보인다. 이 때문에 몸을 구부려도 잘 맞춰져 동그란 모양을 만들 수 있는 것이다.

게다가 듬성듬성 등에 난 털들은 고성능 안테나가 필요 없을 정도다. 적의 등장과 주변 환경의 변화를 털로 감지하고는, 위험 신호가 떨어지면 공기를 흠뻑 들이마셔서 몸을 동그랗게 오므린다.

거북 역시 순간적으로 몸을 감추는 재주를 가졌다. 거북은 목뼈가 잘 구부려져 목을 몸 쪽으로 끌어당겨 등딱지 속에 넣을 수 있다. 목뿐만 아니라 잘 구부러지는 팔다리도 적이 공격해 오면 등딱지 속에 집어넣고 절대 밖으로 빼지 않는다. 등딱지는 어찌나 딱딱한지 웬만한 공격에도 거뜬히 몸을 보호할 수 있는 갑옷이 되어 준다. 하지만 한번 뒤집히면 몸을 바로 세울 수 없다는 약점이 있다.

연기력, 우리가 끝내 주지

▶ **코브라는 춤을 추고 싶지 않다**
인도에서 악사들이 피리를 불면 바구니에서 뱀이 계속 머리를 흔들며 움직인다. 마치 코브라가 춤을 추는 모습이다. 그러나 코브라가 피리 소리를 듣고 춤을 추는 것이 아니다. 사실 코브라는 안쪽에도 바깥쪽에도 귀가 없고, 고막도 없어서 피리 소리를 듣지 못한다. 코브라는 피리나 마술사의 움직임을 보고 움직이는 것뿐이다. 그리고 땅에서 울림이 전해져 움직이기도 한다. 만약 악사들이 코브라를 자유자재로 만지고 약을 올려, 코브라가 화가 나서 물어도 독니를 이미 뺀 상태라 안전하다.

▶ **죽은 척하는 게 아니야**
실제로 귀뚜라미나 매미, 무당벌레, 바퀴벌레는 죽으면 대부분 등을 땅에 대고 하늘 쪽으로 발라당 누워 있다. 보통 3쌍의 다리로 몸을 지탱하는데, 죽으면 다리가 몸무게를 이기지 못해 쓰러져 뒤집히는 것이다. 나비는 날개가 커서 죽으면 옆으로 쓰러진다.

▶ **앵무새는 사람과 말할 수 없다**
앵무새는 다른 새처럼 혀가 얇고 끝이 뾰족하지 않으며, 사람처럼 유(U) 자 모양이고, 혀끝이 동그랗고 두껍다. 게다가 앵무새는 청각을 맡은 신경 중추가 특별히 발달되어 사람이 하는 말을 잘 기억하고 흉내를 잘 내는 것이다. 사람과의 완전한 대화는 하지 못한다.

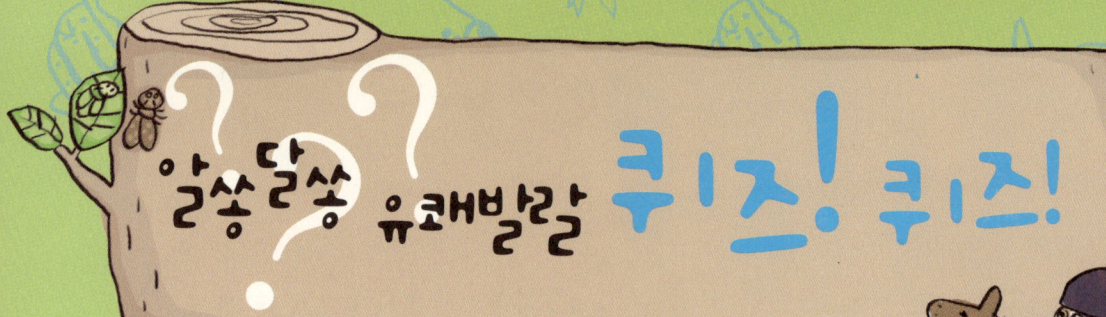

1. 다음 중 옳지 않은 것은?
① 오징어는 적의 시선을 다른 곳을 돌리기 위해 먹물을 쏜다.
② 오징어와 문어의 먹물 색깔이 까만 것은 주성분이 멜라닌이기 때문이다.
③ 복어는 몸을 최대한 크게 만들어서 상대를 위협한다.
④ 찌르레기는 매가 나타나면 흩어져 도망간다.

2. 동물들의 공격 무기를 바르게 짝지지 않은 것은?
① 고슴도치 – 방귀   ② 상어 – 이빨   ③ 코뿔소 – 뿔   ④ 코끼리 – 상아

3. 의 몸에는 털이 듬성듬성 나 있다. 그런데 이 털들은 엄청 두꺼운 피부를 뚫고 나온 털에 걸맞게 가느다란 철사처럼 억세고 까슬까슬하다. 는 피부가 햇볕에 오래 노출되었을 때는 목욕을 해서 피부를 깨끗하게 하고 체온을 유지한다.
① 두더지   ② 코끼리   ③ 뱀장어   ④ 멧돼지

4. 낙타에 대한 설명 중 옳은 것은?
① 낙타의 혹은 물통이다.
② 낙타의 눈썹은 듬성듬성해서 사막의 모래가 잘 들어가지 못한다.
③ 낙타의 발바닥은 얇아서 모래땅에 발이 빠지지 않는다.
④ 낙타의 혹은 체온 유지에 중요한 역할을 한다.

5. 다음 중 곰이 겨울잠을 자기 전에 하는 일이 아닌 것은?
① 미련하게 무조건 많이 먹기
② 잇자국을 내서 영역을 표시하기
③ 음식 모아 두기
④ 일광욕하기

6. 다음 중 틀린 것은?
① 사자는 새끼에게 사냥하는 기술을 가르친다.
② 치타는 살아 있는 먹잇감을 새끼에게 주고 놀게 한다.
③ 매는 새끼가 완벽하게 비행할 때까지 먹이를 물어다 준다.
④ 일본에는 사람처럼 고구마를 씻어 먹는 원숭이가 있다.

7. 연어처럼 알을 낳기 위해, 혹은 먹이나 알맞은 수온을 찾아 이동하는 것을 ▩▩▩▩라고 한다.
① 텃새　　② 회유　　③ 먹이 사슬　　④ 의태

8. 올빼미의 특징으로 옳은 것은?
① 올빼미는 보통 새처럼 눈이 양쪽에 붙어 있다.
② 올빼미는 사람처럼 눈알을 자유롭게 굴릴 수 있다.
③ 올빼미는 빛이 전혀 없는 곳에서는 사냥할 수 없다.
④ 올빼미의 깃털은 워낙 부드러워서 서로 부딪쳐도 소리가 잘 나지 않는다.

9. 불가사리나 도마뱀처럼 몸의 일부가 잘려도 다시 생기는 것을 ▩▩▩▩이라고 하며, 흰물떼새처럼 적이 나타났을 때 적을 유인하기 위해 상처를 입은 척하는 행동을 ▩▩▩▩행동이라고 한다.
① 재생, 연기　　② 번식, 의사　　③ 보호색, 의상　　④ 재생, 의상

10. ▩▩▩▩는 변장의 마술사이다. ▩▩▩▩는 천적이 나타나면 길쭉한 몸통을 순간적으로 착 오므려서 공처럼 만든다. 이런 변신은 피부가 마치 여러 조각의 천이 이어진 것처럼 되어 있어서 가능한 것이다.
① 거북　　② 아르마딜로　　③ 고슴도치　　④ 코브라

정답 1④ 2① 3② 4③ 5③ 6③ 7② 8④ 9① 10②

어허,
냄새가 난다, 나!